尹振环 著

社会科学文献出版社
SOCIAL SCIENCES ACADEMIC PRESS (CHINA)

古《老子》（楚简、帛书甲乙、西汉竹书）是真《老子》。

现行今本《老子》，系被改造的赝本。

钱穆讲学札记中摘句

（1）每一个民族，均有其人人必读之书。自朱子起，六百年来人人必读之书为四书。《论语》《孟子》为我国两千年来必读书。《大学》《中庸》则为六百年来所定。余意《庄子》《老子》亦当为必读书，固儒道两家已有两千年历史，对中国文化影响最深最久。

（2）儒者著书，眼光须及上下数百年。

（3）人生最佳之训练莫如做学问，人生最大之野心即在做学问。

——选抄于《书摘》2014 年第 11 期

前　言

　　我的第一篇关于《老子》的学术论文是《试论老子的政治道德》，发表在 1981 年第 3 期的《社会科学战线》上。此文虽然很不成熟，但它表明我从一开始接触《老子》，就认定它是为君为政的"道德经"。这个信念从未动摇过。但是，许久以来，几乎无人谈它的"君人南面术"，而大谈它的宇宙本体论、万物生成论、人生哲学、养生哲学、人生智慧……这是否是一种本末倒置呢？将《老子》视为人生哲学，是否正像视《管子》《商君书》《韩非子》《吕氏春秋》等为人生哲学一样，显得滑稽、荒唐呢？

　　《老子》是为谁设计的道德？为芸芸众生，还是为"侯王""圣人"？张舜徽教授曾说："自汉以上学者悉知'道德'二字为主术，为君道，是以凡习帝王之术者，则谓之修道德，或谓之习道论。"甚至说"周秦诸子以帝王术为中心"。"道论二字，可说是道家理论的简称，它

1

的具体内容便是君人南面术"，这话深刻而精彩。孔孟之道、庄子学派也有些君道，但将它们完全归之于帝王术，是否言过其实？而将《老子》、"老子术"视为"君人南面术"，可以说比较恰当，它与西汉学者们的共识完全吻合。

李泽厚先生的说法稍有不同："先秦各派哲学基本上都是社会论的政治哲学。道家老学亦然，《老子》把兵家的军事斗争上升为政治层次的'君人南面术'，以为统治者的侯王'圣人'服务，这便是它的基础含义。"李先生也是将《老子》视为"君人南面术"的。"《老子》并未有意于讲宇宙论（这正是先秦《老子》与汉代《淮南子》的差别所在），如果把它看作似乎是对自然、宇宙规律的探讨，我以为恰恰忽视了作为它的真正立足点和根源地的社会斗争和人事经验。"（《中国古代思想史论》）。我认为我们不能否定上述论断，否则那就不是春秋战国之《老子》了，也就会离题，偏离《老子》之本意。

我一直认定《老子》是一种政治哲学，即古代所谓的"君人南面术"，所以我研究有关帛书《老子》近百篇（包括转载）文章，并将研究成果陆续发表。李泽厚先生说：《老子》把兵家的军事斗争上升为政治层面的'君人南面术'"。他的观点可能更多的是一种预见，没有具体用资料来证明。他并不确切知道《孙子兵法》先于《老子》。美籍华人何炳棣院士经详细考证，令人信服地论证了《孙子兵法》成书要比《老子》早几十年，从而"军事斗争上升为政治层面的'君人南面术'"，就有了实证。回到老子的本题"南面术"上，《老子》许多扑朔迷离的语言，也将会得到破解；《老子》乃是政治哲学、政家圣典将会得到世界公认。何况有出土的大量先秦竹简文献作为旁证，这难道还不能破解谜团吗？

梁启超盛赞清代考据学者的"科学研究精神"，其中有两点非常重要。其一，选择证据，以古为尚。以汉唐证据难宋明，不以宋明难汉唐……以此类推。其二，"以经证经，可以难一切传记"。有的学者根据汉唐以后的今本《老子》的结构布局，改动汉初及秦末帛书《老子》的结构布局，即——肢解帛书本，颠倒帛书本篇次，否定帛书《老子》分章点与篇名，按照今本八十一章的分章与章次重新编排帛书《老子》，同时据今本妄改帛书本一些文字，真使人哭笑不得。窃以为不能以尊重约定俗成为由，改帛书本为今本。作为帛书《老子》的校注来说，其不应按今本颠倒篇次，同时不能取消帛书本的分章符号，切切不要忘记审订分章，因为这里会有意想不到发现，会使"其辞难知"的《老子》变得其辞易知。同时，我恳请，我呼吁：千万千万不要不承认、否定马王堆汉墓帛书、郭店楚墓竹简中由整理者肯定的分章圆点。它的作用太大，是否定不得的，一旦否定它，将会模糊《老子》许多重要论断，使许多问题依然扑朔迷离。

说楚简《老子》优于帛书本、今本，这是不能同意的，但其中有优于、真于帛书本、今本的部分；说今本优于帛书本，我以为不可，但其中也有优于帛书本的部分。我起初非常信服高氏"帛本多胜于今本"论，后来又发展为坚定地支持"帛优论""帛优派"。起初我认为帛书《老子》将会取代今本《老子》，"取代"说，似过分，今本也会长存，现在修正为"帛书本老子将会成为《老子》的主要传本"。与其以魏晋唐宋的传本为主，何不以距《老子》原本更近的秦汉帛书本为主呢？在没有新的更古更全的《老子》出土之前，帛书《老子》迟早会成为主要传本的。

西汉竹书《老子》乃"君人南面术"，这部世界最早的政治道德、最早的领导学，迟早会被中国与世界承认的。最后要说的是文中关于《老子》引文内容凡未标出版本的，多是笔者根据多个版本内容对照而认定的文字。

目录

姓李的老子是老聃还是太史儋

——析《史记》中的三位老子

2011 年 3 月 22 日,《光明日报》用了两个整版谈老子故里鹿邑。"老子是李姓子孙的先祖"。"目前李姓在全国人口中约占汉族人口的 7.9 %,已达 9500 万人,加上世界各地的华人,李姓已超过一亿人"。《史记·老子列传》列举了三位"老子":一是春秋时代的周守藏室之史的老聃,二是春秋时的老莱子,三是战国时的太史儋。老子究竟是谁?看来司马迁对此无定论,只不过他对前者肯定无疑的态度,对中间的"老子"则持否定的态度,唯独对后者是用两可之词:"或曰,太史儋即老子,或曰非也"。这一来,老子何许人,姓李的老子是老聃还是太史儋,《老子》成书于何时,成了千古尤其是近百年来聚讼纷纭莫衷一是的谜。然而这个亘古之谜由于楚简的出土与相关学者的研究,有了突破性的进展。所以,今天我们有必要再来重新谈谈这个问题。

一　老莱子绝非老子

这一点已经成为共识。

《史记·老子列传》曰："或曰，老莱子亦楚人也，著书十五篇言道家之用，与孔子同时云"。这里司马迁并没有像"或曰儋即老子"那样说"或曰老莱子即老子"，而是说"亦楚人也"，"著书十五篇"等，已明显将老莱子排除在"著书上下篇"的老子之外。可能因老莱子前面的"老"字会造成误解，司马迁才将其提出来。《史记·仲尼弟子列传》曰："孔子之所严事，于周则老子，于楚则老莱子，于卫，蘧伯玉，于齐，晏平仲，……孔子皆后之，不并世"。这里又十分肯定老子非老莱子，而且肯定老子、老莱子，都是孔子的前辈。1934 年高亨就曾指出：不仅司马迁视老子与老莱子为两人，从战国到两汉，学者们也都把老子与老莱子区分得很清楚。如（1）《大戴礼记·卫将军文子》中的老莱子与《礼记·曾子问》中的老聃；（2）《庄子·外物》中的老莱子与《庄子·天下》等篇的老聃；（3）《战国策·齐策》中的老莱子与《魏策》《齐策》中的老子；（4）《汉书·艺文志》中的老子与老莱子；（5）《尸子》；（6）《列女传》；（7）《高士传》；（8）《孔丛子》；（9）刘向的《别录》等，都是明确把老子与老莱子①视为两人的。

二 出土楚简进一步确证"仲尼学乎老聃"的老子

　　章太炎肯定了孔子受学于老子,老子某些思想是儒家思想的先导。王国维也肯定老子长于孔子。胡适认为老子比孔子年长二十岁左右,孔子至周问礼于老子的记载可信。1929年唐兰曾以五条证据证明《礼记·曾子问》所记的孔子问礼于老聃是靠得住的,所以老子比孔子年长,"是必须承认"的②。郭沫若则把老聃其人与《老子》其书分开,肯定老聃乃春秋时人,而集成《老子》之书则是战国时"黄老之术"的环渊,即关尹。而高亨自始至终都肯定春秋时的老聃著《老子》,不过也有说,书传之后有战国时人增益的文字。如今我们能看到大批前辈们所不可能看到的"地下之新材料",所以可以用王国维的"二重证据法来证实纸上之材料"。

　　前几年出版的《郭店楚墓竹简》有《缁衣》。《上海博物馆藏战国楚竹书(一)》不仅有《缁衣》,还有《孔子诗论》。将这两件战国前期的文献《缁衣》与传世本《礼记·缁衣》做比较,尽管个别地方稍有不同,但内容基本相符,因此传世本《礼记·缁衣》的真实性得到确证。它是子思的作

① 高亨:《老子正诂·史记老子传笺证》,中国书店影印本,1988。
② 顾颉刚编著《古史辨》(第四册),上海古籍出版社,1982,第332页。

品已毋庸置疑。同时，《孔子论诗》使《史记·太史公自序》的"孔子修旧起废，论《诗》《书》……"得到实证。换句话说，上证孔子之论诗，下证子思之《缁衣》，这样一来岂不也同时证明《礼记·曾子问》也非伪托吗？因为《缁衣》是谈为人为政的，而《曾子问》是曾子与孔子关于丧礼的问答记录。它毫无伪托的必要与可能性。它极可能是曾子的作品，也可能是子思整理其师的作品。这篇作品有四次孔子曰："吾闻诸老聃曰"，一次"老聃云"，还有一次"孔子曰：'昔者吾从老聃助葬于巷党，及堩（墓道），日有食之'①，老聃曰：'丘！止柩就道右，止哭以听变'。"这些话，不像伪托，尤其不像出于儒家的伪托。由此再看《孔子家

① 高亨认为助葬巷党当在鲁昭公七年。《左传》记此年"四月甲辰朔，日有食之"，是年孔子十七岁。边韶《老子铭》《水经注·渭水》均言孔子年十七问礼于老子。2004年1月出版的孙以楷教授的《老子通论》，是在已故詹剑峰教授《老子其人其书其道》的基础上，又对老子之乡里、姓氏、老子其人、老子与孔子的交往，做了详尽而令人信服的考证。孙之见解与高亨同：即边韶、《水经注》所说的孔子年十七之年。《孔子家语·观周》还有一些文字是确证春秋时孔子的铁证，无妨抄录于后：其一，"孔子谓南宫敬叔曰：'吾闻老聃博古知今，通礼乐之原，明道德之归，今将往矣。'对曰：'谨受命。'遂言于鲁君。……敬叔与孔子俱至周，问礼于老聃，访乐于苌弘，历郊社之所，考明堂之则，察庙朝之度。于是喟然曰：'吾乃今知周公之圣与周之所以王也。'及去周，老子送之，曰：'吾闻富贵者送人以财，仁者送人以言，吾虽不能富贵，而窃仁者之号，请送子以言乎？凡当今之士，聪明深察而近于死者，好讥议人者也，博辩宏达而危其身，好发人之恶者也，无以有己为人子者，无以恶己为人臣者。'孔子曰：'敬奉教。'自周反鲁，道弥尊矣，远方弟子之进，盖三千焉"。以上与《史记·孔子世家》所记大致相同。其二，"……孔子见老聃而问焉，曰：'甚矣，道之于今难行也，吾比执道，而今委质以求当世之君，而弗受也，道于今难行也。'老子曰：'夫说者流于辩，听者乱于辞，知此二者，则道不可以妄也。'"此段与《说苑·反质》篇大致相同。

语·执辔》中的"昔丘也闻诸老聃曰"以及《弟子行》中所说的"国有道，处贱不闷、贫而能乐，盖老子之行也"，也应该是信史。这些为出土文献所间接证明的材料，十分重要，起码可以说明：

第一，必须承认"老聃"实有其人；

第二，从直呼孔子之名"丘"以及孔子的"吾从老聃"的字句来看，老子必为孔子之前辈；

第三，孔子不是间或问一下老聃，而是长时间内经常向老聃问礼学道。

楚简《老子》的结构布局即分篇、分章、章次，大异于帛书本、今本。如果说帛书本、今本《老子》的文字还"基本相同"的话，那么简本的文字仅及帛书本、今本十分之四，而且许多文字、文句异于今本。楚简《老子》并没有反礼的文字，同时没有"绝仁弃义，绝圣弃智"等太自由、太激烈的话，也没有"万乘之主"，不尚贤的话，这正是那些力主《老子》成书于战国的铁证。而五千言《老子》有否定圣智仁义礼的文句，反战言辞多了，权术多了，兵家言多了，直倡愚民，而且道论德论被深化了。这绝非偶然。这说明今本与帛书本《老子》并非出于一人之手，但"老聃至少是《道德经》其中一部分的传授者"（唐兰语），想来这已由楚简《老子》证实。

再看《史记·老子列传》中老子对孔子之赠言，验之楚简《老子》也是一致的。"去子之骄气与多欲，态色与淫志"，岂不就是楚简《老子》"绝智弃辩""绝伪弃虑"的体现？司马迁判定老子是位"隐君子"，岂不就是老子赠言的"君子得时则驾，不得其时则蓬累而行"？这才是"仲尼学乎老聃"的春秋老子。

这位"隐君子"的老子哪里会是战国时千里迢迢去见秦献公以求功名的周太史儋呢？

可见，先于孔子的老聃，应该先被肯定下来。他是春秋时楚苦县厉乡曲仁里人，"周守藏室之史也"，即有国、有县、有乡又有里，有明确官职的人，写得如此具体，必有所确据。这位老子——老聃，并非李姓之祖先。至于《墨子》《礼记》《庄子》《荀子》《韩非子》《吕氏春秋》和《战国策》这些书中大量引用老聃之言，其中有的确是老聃之言，楚简《老子》可证，也有的已是另外一位"老聃"之言了。

那么，"老子是李姓的祖先"的李耳，并不是老聃，这是应该先被肯定下来的。那么李耳又是谁呢？

三 周太史儋即战国时"老子"研究的突破

关于老子其人的最大疑点与最大争论点是《史记·老子列传》中老子之世系：

老子，隐君子也。老子之子名宗，宗为魏将，封于段干。宗子注，注子宫。宫玄孙假。

假仕于汉孝文帝。而假之子解为胶西王卬太
傅，因家于齐焉。

历来持"太史儋即老子"观点的，即是根据这个世系。
他们也都是当时的一流学者。宋叶适就曾指出："然则教
孔子者必非著书之老子，而为此书者必非礼家所谓老聃。"
（《习学记言》）钱穆也一口认定孔前老后。其中梁启超的论
证最为有力："魏列于诸侯，在孔子卒后六十七年，老子既
长于孔子，其子能为魏将，已是奇事。再察孔子十代孔藂
为汉高祖将，封蓼侯，十三代孔安国当汉景武时，老子八
代孙与孔子十三代孙同时，不合情理。"……"老子的八代
孙与孔子的十三代孙同仕于汉，不合情理。"①有人提出"宫
玄孙假"之"玄孙"，只能指"远孙"，并不是儿子、孙子、
曾孙、玄孙之"玄孙"。这样一来一个"远"字就表明了其
相差几代人、百多年历史。其实，正如何炳棣院士所说的：
"宗为魏将"，这"魏将"就卡住了脖子，无法将老子拉到春
秋。所以一直到中华人民共和国成立前后，侯外庐的《中国
古代思想学说史》《中国思想通史》；范文澜的《中国通史
简编》；杨荣国的《中国古代思想史》；以及冯友兰在帛书
《老子》出土后著的《中国哲学史新编》，都把老子排在孔墨

---

① 高亨：《老子正诂》，中国书店影印版，1988，第179页。注关于
孔安国的代系说法不一。

之后，杨宽的《战国史》则把老子其人排在春秋，而视《老子》其书成于战国。这些都说明视太史儋为老子，或视《老子》其书之作者为太史儋的重要学人，大有人在。最重要的是清代著名学者汪中，他说："孔子所问礼者，聃也，其人为周守藏之史，言与行，则《曾子问》所载是也。周太史儋见秦献公，本纪在献公十一年。去魏文侯之殁十三年。而老子之子宗为魏将，封于段干，则为儋之子无疑。"

而言道德之意，五千言者，儋也。其入秦见秦献公，即去周至关之事。或曰，"儋即老子，其言是也矣"（《述学》补遗《老子考异》）。这里汪中显然认为有两位老子，第一个是春秋时孔子问礼的老聃，第二个是战国时的太史儋，它是五千言《老子》的作者。这个考证得到梁启超、罗根泽、钱宾四等人的赞赏。[1] 1934 年，高亨也得出"宗者，太史儋之子也"，这又是两位老子论。楚简《老子》问世，郭沂又再次提出两位老子：老聃与太史儋。不过这时就剩下两个最关键的问题了：第一，正如高亨等人提出的：《史记》中老子世系不知何据？为什么不加说明？第二，"周太史儋见秦献公"，据《史记》周、秦本纪所记在秦献公十一年，即公元前 374 年，老子之子名宗，宗为魏将。何时的魏将？是否公元前 273 年华阳之战的魏将"段干子"或"段干崇（宗）"？如果是，那么太史儋见秦献公、一百年之后的"其子"为魏将，这也太不合情理了。第一个问题已由美国艺文及科学院

---

① 顾颉刚编著《古史辨》（第四册），上海古籍出版社，1982。

院士何炳棣先生的《司马谈、迁与老子的年代》一文（《燕京学报》2000年新9期），给予了突破性地解答。可惜很少有人知道何院士的观点，这里再简略说一下。

《史记·老子列传》中的老子后裔世谱，陈述"清晰平实"，"具体确凿"，措辞毫不犹豫、游移。问题在于它是怎样得来的，可信程度有多大。为回答这个问题，何院士根本没有谈什么思想线索、文字文体、时代术语，更没有重复已有的议论，而是独辟蹊径，先考证司马谈、迁的年代，然后由此"包抄"老子后裔世系的年代，进而弄清此"老子"何许人。

司马谈本人约生于公元前180年，第二年即汉文帝元年，所以司马谈的青少年正值黄、老"道德"之学的政治影响鼎盛的文景之世。司马谈"受《易》于杨何，习道论于黄子"。"汉惠帝曾亲幸（田何）其庐受业"。淄川与胶西在文、景之世被认为是汉朝第一"学术重镇"。杨何在公元前134年被召至长安以前，一直在甾川讲学收徒。司马谈曾师从杨何，学习《易》。可以想象司马谈在游学淄川期间，以周秦汉世宦之裔的身份，晋谒老子八代孙，当时的胶西王印太傅李解，获得当面聆教的机会是必然的，甚至有可能直接从李解那里获得李氏谱系。

何院士说：

景帝三年（公元前154年）吴、楚七国叛乱是西汉划时代的大事。叛乱的主谋是吴王濞，但胶西王卬实居第二领袖的地位，正月间已"诛汉吏二千石以下。"二月中，吴王兵既破，败走，于是天子制诏将军曰："……今卬等又重逆无道，烧宗庙、卤御物，朕甚痛之。朕素服避正殿，将军其劝士大夫击反虏。击反虏者，深入多杀为功，斩首捕虏比三百石以上者皆杀之，无有所置。敢有议诏及不如诏者皆要（腰）斩。"这是最严酷、牵涉最广的一次诛杀。负有辅导胶西王卬责任的太傅李解之遭族诛应是不辩的事实。凡与李解生前有过交往的人，为自全计，惟有讳莫如深。当司马谈任太史令间，先有主父偃那样专事刺探诸侯王以至儒臣如董仲舒等私隐冀兴大狱的阴谋家，继有赵禹、张汤那样酷急刻深，寻端穷治的执法大臣，和一系列鹰鸷嗜杀如宁成、义纵、王温舒等酷吏型的太守。……在帝王专制不断深化的过程，司马谈不得不谨言慎行，与李解的交往长期保持缄默。①

---

① 《老年时报》2005 年 4 月 21 日有则短文，很能说明司马迁为何守口如瓶，司马迁后代不姓司马。司马迁，复姓司马，名迁，字子长，汉代夏阳（今陕西韩城）人。但司马迁的后代却不姓司马，而姓"同"和"冯"。原来，天汉三年（前 98），司马迁因在汉武帝面前为大将李陵投降匈奴说情，获罪下狱，遭受腐刑。他有两个儿子，在他被治罪后，怕有灭族之祸，为了保护后代，就在自己姓中的"司"字左边加一竖，让大儿子姓同，在"马"字左边加两点，让二儿子姓冯，悄悄地从京城逃回老家韩城，藏到山里隐居下来。现在，司马迁的家乡找不到一个姓司马的，每年清明节到司马迁墓地上坟的，是同、冯两姓家族的人，他们都是司马迁的后代。

　　司马谈不仅对"老子"世系之来源噤若寒蝉，闭口不提，还"并列种种自我怀疑，令人迷惑的传奇"，然而，千古之谜的谜底竟然如此。这真是驱散疑云迷雾之答！

　　再从司马迁来看。司马迁约生于汉武帝建元六年（前135），其父司马谈时年46岁。迁少年早慧，加之其父精心培养，细心讲授，"年十岁则诵古文矣"。其父又介绍司马迁向京师权威的学者请教，如名震天下的董仲舒和孔安国。孔安国是孔子后裔，明达渊博，孔安国比司马迁约大22岁。司马迁在10岁至20岁之间，有充分的机会师从孔安国，不仅专业水平得到提高，同时也会了解许多孔子及其后裔的事迹。《史记·仲尼弟子列传》中，仲尼弟子记有具体年龄者共22人，其中子路"少孔子九岁"为最长，公孙龙"少孔子五十三岁"为最幼。司马迁还特别说明，"自子石（公孙龙）以右三十五人，显有年、名及受业闻见于书传，其四十有二人；无年及不见书传者纪于左。"这不仅显示出司马迁对资料来源分类的异常谨慎，其资料也全部存真。以上说明《史记》所保留下来的六艺传承学统、黄老学统和老子后裔世系……都是司马氏父子亲闻亲记的、价值极高的史料。

　　何文说："老子"八世孙李解生年应在公元前200年左右。上溯八代，"老子"生年应在公元前440年左右，太史儋见秦献公是在公元前374年，距孔子之死106年，如果太史儋即"老子"，他见秦献公时年为六十六七岁，即便"老子"生年上下各伸缩十年，在56岁与76岁之间，也还是在情理之内的。所以太史儋就是"老子"。只不过他是托名老聃继续撰写《老子》罢了。

何院士在结语中说：

> 老子不但被北魏君主所尊崇，更为李唐皇室奉为远祖，封为"太上玄元皇帝"。北宋真宗、徽宗等帝对老子的尊崇不亚李唐。老子既在思想、宗教、政治等方面享有如此崇高的地位，何以自司马迁以后从未有任何官方文献及私人著述言及老子后裔？事实上，《史记·老子列传》："解为胶西王卬太傅，因家于齐焉"已含有解答。老子李耳八世孙李解将全家既已迁至胶西，前154年春吴楚七国叛乱尚未叛平之际，景帝已制诏将军对胶西王卬的臣属三百石以上者皆杀之，"无所置疑"，太傅李解及其家属焉能幸免？！汉唐八百年间有关史料的结合不啻明示后世：老子之泽，九世而断！

何院士的一些论点，虽然属严密推论，但其史料价值极高，都是可以得到肯定的，并令人不得不信服的。老子之世系族谱，因何而来，又因何九代而断的千古之谜大白天下。另一位"老子"其人的研究获得重大突破，既肯定了将老子排在孔墨之后的反方，也同时印证了在孔墨之前的正方。

四 司马迁直笔明文肯定老聃，暗里曲笔肯定太史儋

细读《史记·老子列传》，我们会发现，司马迁对老聃的肯定是用真笔，而对太史儋的肯定是用曲笔。为什么呢？我们根据何院士所揭示的司马氏父子学术思想渊源及所处的具体历史背景，进而探索司马迁撰写《史记·老子列传》的内心世界，即可以发现一系列疑点，并由此窥探司马迁的直笔与曲笔何在。

第一，刑馀之人，余悸犹深。天汉三年，即公元前98年，司马迁就因"举李陵，李陵降"而"幽于缧绁"，受了宫刑，这是人们所熟悉的。汉武帝早已以言治罪，甚至以腹非治罪，司马迁哪能不顾忌重重？他对老子世系的来源，对他父亲与老子的后代的交往，不仅要闭口不提，还得设法掩盖，这当是情理之中的事。

第二，灭族与事业毁灭之恐怖。司马谈因为受灭族的威胁不得不谨言慎行，对外人不得不保持沉默，三缄其口，但对其亲子，他是付以厚望与寄以大任的，对其儿子不可能讳莫如深，严加保密。

第三，尊孔而不尊老之异常。司马迁作《史记·孔子世家》，其最后的结语是："诗有云：'高山仰止，景行行止。'虽不能至，然心向往之。余读孔氏书，想见其为人。适鲁，观仲尼庙堂车服礼器，诸生以时习礼其家，余祗回留之不能去云。天下君王至于贤人众矣，当时则荣，没则已焉。孔子布衣，传十余世，学者宗之，自天子王侯，中国言六艺者折中于夫子，可谓至圣矣！"由衷敬仰之情，溢于言表。司马氏父子，对于孔子曾师事过的老聃的景仰，在《史记·老子列传》中已借孔子之口，做了表述，也许不在孔子之下，而《论六家要旨》，司马迁对道家的尊崇更在诸家之上。为什么不见司马迁南游造访老子之故里？甚至连只字片语也没有提及？老子之"传"，不但比孔子之"世家"次之，而且与庄、申、韩同传，更等而次之。其中异常有什么含义？

第四，一个是隐君子，一个是王官。司马迁一方面肯定老聃"将隐也""隐君子"，但他又在"隐君子"前说太史儋见秦献公；这里司马迁明明知道这是求功名的"王官"，而不是"隐君子"，那么司马迁是不是在有意布"迷魂阵"？

第五，不可能的忽略。孔子之十四（三？）代孙卬与骧，见于《史记·孔子世家》，而《史记·老子列传》中的"老子"世系至九世就戛然而止。难道司马迁一点也没有觉察出来？《史记·老子列传》中的疑词是出于有心散布疑云，还是真的拿不准？比如司马迁说："孔子之所严事，于周则老子，于楚则老莱子……孔子皆后之，不并世。"可见，司马迁非常清楚老子、老莱子绝非一人。但在《史记·老子列传》中为什么又列出了老莱子？是否也是"迷魂阵"？而老子之世系，孔子之世系，司马迁应该一清二楚，起码他应该知道，所谓"老子之子名宗……"的世系，司马迁自然明白此乃太史儋之世系而非老聃之世系吧？难道司马迁会有如此之疏忽？显然他可能有难言之苦衷。

第六，条件的限制。受当时条件的限制，司马迁所能见到的史料有限，比如出土的帛书《战国纵横家书》与两千言的楚简《老子》等，都是司马迁没有见到的。司马迁只读过五千言《老子》，这不能不使他的视野受到限制，如果他能见到两千言《老子》，他的《老子列传》也许是另外的样子，很可能同时明确地肯定两位"老子"，另觅免祸之途。

第七，信以疑传，以求保全。为史"信则传信，疑则传疑"，固然如此；但"深入多杀以为功"，"寻端穷治"的威慑力量太可怕了！它造成司马迁不得不信以疑传，以求保全。总之，是形势迫使司马迁用"或曰"之语肯定了"儋即老子也"，那"或曰非也，世莫知其然否"，不过是障眼法，免祸法。《史记·老子列传》中的三位"老子"，事实上司马迁直笔明文肯定老聃，曲笔暗里肯定太史儋。

是否如此？还是司马迁压根就不知道老子世系族谱的

来源？

何院士仔细严谨地考证司马氏父子的生卒年代、学术思想的师承关系、卓绝古今的治史才德之历史渊源，进而确证《史记·老子列传》中老子谱系的可信性，这是前无古人的。而且他对"老子"之世系为何九世而斩的揭示，也是天下第一人。说明言道德之意的五千言《老子》，最终是成于太史儋的，不是春秋时的老聃，尽管相差不过百余年，但这百年的历史变迁，要胜过春秋前的上千年：生产力、生产关系发生了巨大变化，更重要的是兼并战争开始愈演愈烈。确证了五千言《老子》成于太史儋，那么我们就应该以此为坐标，重新定位和诠释《老子》的思想。比如过去我们常常认为《老子》成书要早于《孙子兵法》，但何炳棣院士考证《孙子兵法》应当成书于公元前510年以前。这就比五千言《老子》早了一百年左右。楚简《老子》出土问世，更说明需要在两千年来闻所未闻的史料基础上，重新认识老子其人，重释《老子》其书。可见，对太史儋世系研究上的突破，非常重要，虽不如楚简《老子》出土那样，但也不失为老学史上划时代的大事。

总之，"老子李耳"，即太史儋也。

刊于香港《弘道》2011年第二期，

总第四十七期。

《老子》的主题是什么?

——析世界最早的政家圣典"导"德经

    孔子倡"为政以德","导之以德"。郭店楚简《老子》则没有类似的话,只是说"以正之(临)国","道恒无为","道恒无名",希望侯王不生事扰民,不争名,克服自私之为,好静、寡欲。如果说楚简《老子》代表老聃的政治思想,那么这里可以看出他有别于和深于孔子的地方,但是到了帛书《老子》,则可以看到"导之以德"已经发展、深化为一本名副其实的、完整的"导德经"了。西汉竹书《老子》在内容基本上同于帛书《老子》。这样再来看《老子》的主题,《老子》非出自老聃一人之手,也就清楚多了。

    虽然老子与《老子》是中国哲学至关重要的人物与经典。但是老子其人与《老子》其书仍然疑窦重重。关于《老子》其书的中心思想,即《老子》的主题,两汉时被认定为"君人南面术",即是一种指导和约束侯王统治者的政治道德与政治哲学，或者用今天的话说：古代的领导学。但今天人们常认为它是人生哲学、人生智慧，以及宇宙本体论等。为什么呢？因为今天人们看到的《老子》是被唐玄宗钦定的颠倒篇次、篡改章次及改动不少文字的《老子》。还有个别人视《老子》为"兵书""阴谋者法"。固然，《老子》有那么点"兵书""阴谋"的部分，还有修身养性、养生之术，以及宇宙本体论、处理政治危机的一套方略……但是这哪里是它的主题？其实《老子》又名《道德经》，是否已经点明了它的中心即"道德"？不过，是哪一家的道德？难道春秋战国时老子就想到为平头百姓、"小人"们设计什么道德？看来不是，恐怕只能是为侯王、统治阶级设计的道德。在金文中"道"与"导"是同一个字，所以《道德经》也可以说是《导德经》。孔子也有他的一套导德说教的言论。比如《论语·颜渊》有两则孔子回答"为政"的言论："政者、正也。子帅以正，孰敢不正？"没有人会误解这则论断。但是人们对"子欲善而民善矣。君子之德风，小人之德草，草上之风必偃"中"小人"二字误解不少。其实这里的"小人"并无贬义，是指"民"、老百姓。而"君子"指领导人。译为白话即：领导人的作风好比风、老百姓的作风好比草。风向哪边吹，草向哪边倒。这使人想起马克思那句名言："任何一个时代的统治思想，始终都不过是统治阶级的思想。"被统治阶级没有时间和社会、文化、经济、政治条件进行理论思维提炼，也就很难生产出自己的思想。所以说统治阶级的思想就成了一种统治思想。因此也可以说统治阶级之德影响和决定全民、全社会"德"的走向。正因为如此，孔子强调"为政以德"，"道之以政，齐之以刑，民免（于罪过）而无耻；道之以德，齐之以礼，有耻且格"。这里孔子所谓的"道"即导，引导也，也就是说用自身的道德来引导人民，用礼教来整顿他们，人民不但有廉耻之心，而且人心归正。可见孔子认为德治的关键在于为君、为政者道德上的以身作则。《大学》有这样的话："一家仁，一国兴仁；一家让，一国兴让；一人贪戾，一国作乱，其机如此。此谓一言偾（坏）事，一人定国。"（《大学·九章》）。一直到独尊儒术的设计者董仲舒也仍然这样强调："为人君者，正心以正朝廷，正朝廷以正百官，正百官以正万民，正万民以正四方。四方正，远近莫敢不壹于正"（《汉书·董仲舒传》）。这都是强调君正、百官正、统治阶级正，来引导、影响万民之正。可见孔孟等儒家，也有他们"道之以德"的种种说教，它散见于多种文献中，不过它远不如《老子》那样集中、系统。而且孔孟设计的"道德"侧重于社会规范，《老子》则不同，它是专门给为君、为政者设计的政治规范、政治道德。毋庸讳言，这种"道德"，有不少逆潮流的"反动"成分，如不尚贤、愚民、抑智、反智、小国寡民等，并且总的来说没有仁人爱民、泛爱众那么委婉动人，但其特色是：不易掺假作伪、容易办到。

《老子》的导之以德，认真地说可分两大部分：最高的境界部分与一般部分。前者虽然极难做到，但是人们天天能看到和感受到，《老子》非常希望侯王或者说统治阶级能从中有所感悟；后者则比较容易办到。这两种境界的导之以德，概括地讲可谓二十四要（除一、二两条外，基本按帛书《老子》排列）。

（一）最高境界的德，如天如地

楚简《老子》只提出两弗："为而弗志也，成而弗居，"即有所作为，给人民带来恩惠而不敢有自己的期望；取得成功而不居功。而帛书则发展为五弗的"玄德"，即在"弗志""弗居"的基础上，又增加了："生而弗有，为而弗恃，长而弗宰，是谓玄德"；即生长万物而不敢据为己有，兴盛万物而不敢自恃己能；成长万物而不敢成为主宰，"这就叫天的隐而不宣之德呵"（河上公注："玄，天也。"《易·坤·文言》："天玄地黄"，同时，玄，又意味着隐与潜）。用孔子、老子的话说这叫"则天""法天""善天"。用《庄子·天地》的话，这叫"古之君天下也，天德而已矣。"用儒家后来的话说：这叫"利天下而弗利"或"圣人无德""无心""无常"。

（二）最高境界的善，如水如气

气与水，人与万物须臾不可离，它无所不在，无所不往，普天之下无不承其惠，而这又完全出于无心。《老子》幻想统治者布仁施义，像气与水那样无所不受其利，但又无私无欲。《老子》尤其幻想统治者能以水为榜样，像水那样滋润万物，献身天下，而默默无声；像水那样趋下、深沉、清静（"善渊"），又那样决必流、塞必止（"善信"），同时洗涤污秽、平准高下（"善治"），咆哮奔腾、能巨能细（"善能"），能方能圆、能柔能刚、随遇而安（"善时"），更不争闻达（"不争"）。但是《老子》知道，能办到上述两点的统治者并不多："天下稀能及之矣！"所以它更多的设计了一般不太难做到的如下之德。

（三）要敦厚朴实，不要以仁德者自居自利

夏禹之时，"正德"就已经被提出了。这说明三代时就已经有不正之德的问题了。到了战国，"德"的实用价值进一步被人发掘利用：用以进身，谋私、谋权、谋名，甚至谋篡逆，暴露了德的虚伪性、不纯性、政争性、临时性。所以《老子》首章首句就提出"上德不德，是以有德"——高尚的德，不以仁、德者自居自傲，更不以仁德谋私利己。这样的德才是有德。相反，"下德不失德"，对于自己的德念念不忘、喋喋不休、索誉要利，甚至巧取豪夺高额回报，终将无德——"是以无德"。可见《老子》首先就倡导要敦厚朴实，无伪无饰，施德于民，不居功，不自傲，不谋利。

（四）德要纯一无私，一以贯之

《文子·下德》说："德有心即险。"《庄子·列御寇》说："贼莫大乎德有心。"他们都把抱有私心的仁德看成伪善，近乎偷窃。所以在"上德不德"之后，《老子》马上提出了德的纯一问题——"得一"。"一"，即纯一不杂与专一、一贯。"得"与"德"古通。《韩非子·解老》："德者，内也；得者，外也。"得是德的外在体现。君人者之"德"，体现在人民的"得"上。所以，帛书《老子》第二章就说："古时恩得（德）是纯一、无私、一以贯之的。"天、地、神、河谷与侯王的恩德纯一，所以才清明、宁静、灵应、充盈、公正。如果窒息了"恩得"的纯一，那么天就可能破裂、地就会被废弃，侯王也不可能公正。显然，《老子》强调务必保持德之纯与一以贯之，不能变味，更不能半途而废。

（五）要时时提醒自己的无德少德与不善

《老子》有两个章是劝导侯王自称孤、寡、不穀的。按照《礼记·曲礼下》《尔雅·释诂》（上）的解释，孤，"无德之称也"，"无德能也"。"寡，寡德也"。"穀，善也"。不穀即不善。将孤、寡、不穀翻译成白话，"孤"即无德无能的我。"寡"即少德少能的我。"不穀"即不善的我。这里的"不善"或指道德，或指处事不那么正确、高明、妥善。对于大多数平庸之君、三五岁甚至襁褓中承袭君位之君、篡逆之君来说，此种称谓并不为过，甚至还不够。他们生于深宫，长于妇人之手，未尝知忧，未尝知惧，大多沉溺于逸淫放恣之中，会有多少恩德福利于民呢？有多少堪称"善政"呢？所以无德、少德、不善之称，相当贴切。有的还应称之为"负德"——人民给他福利恩惠太多、太大了。当然这不是说，没有一个较好的君主，没有一个比较有德的贤善之君，还是有的，但太少，并且他们同样也有德、善的问题。因为君主"独立无稽"（《管子·君臣上》语）的地位，淫奢的生活条件，这些客观环境，很难推动他们向德向善，而极易诱导他们向惰向骄向淫、趋昏趋恶趋暴。"向善如登山，从恶如雪崩"。即便已经是圣君明主，也有"德日新"的问题。可见，孤、寡、不穀的自称，理应适于所有的诸侯及天子。

（六）要立于反弱，以愚自处

《老子》接着又提出以贱为本，以下为基，即要保持尊贵，必须以谦贱为根本；要保持崇高，必须以卑下为基础。又说：德行高尚，虚怀若谷；恩德广布，好似不足；建功立德，好似怠惰；方方正正，好似没有棱角……这些不就是立于反弱？其他如图难于易，为大于细，不争之争，无积之积，无私之私，欲刚以柔守，欲强以谦保，绝圣而圣，绝仁而仁……总之《老子》认为：相反的方面，柔弱的方面，往往就是君人之道运转和发挥作用的方面，它不仅是以反求正、以弱求强的方法，还是一种应有的品德。

（七）要知足知止

接着《老子》又进行"知足知止"之教："名与身孰亲？身与货孰多（贵重）？得与亡孰病？甚爱必大费，多藏必厚亡。故知足不辱，知止不殆，可以长久。"在《老子》的时代，贵富不分，基本上是贵者富，富者贵。因此，争名夺货，甚爱厚藏的人只能属于王公统治阶级。显然，《老子》是对君王进行知足知止说教的一剂良药。如若对食不果腹的农民进行知足知止说教，就未免文不对题了。今本第四十六章也谈知足常足。"天下无道，戎马生于郊"，接着"罪莫大于可欲，祸莫大于不知足，咎莫大于欲得，故知足之足，常足矣"。所谓"可欲"，并非指人类生存的基本欲望，而是指任情纵欲。天下无道的一些战争，有的是出于国君为政者的贪得无厌、不知足，但不知足、任情纵欲，又不止于某些战争，也不限于酒色、财货方面。争名斗气方面的纵欲，如蛮干、使气、知错不改、护面子，这种"可欲"罪孽之大，也不次于其他。

（八）要大成若缺

第四十五章曰："大成若缺，其用不弊；大盈若冲，其用不穷。大直若屈，大巧若拙，大辩若讷。"国富兵强，拓地千里，并国数十，成其大功的王侯将相，如果不因此而昏昏然，看到自己的缺陷与不足；丰满充盈的如果能以细小视之，富裕却以不足居之，再加上若屈、若拙，当然会其用无穷。同样的思想还表现在第四十一章后半部："上德若谷，大白若辱，广德若不足。建德若偷，质真若渝，大方无隅。"人非圣贤，即使圣贤，真正能达到"上德""大白""盛德"者，未必多。在这不多的人中，不乏被臣下吹捧美化了的。因此，即使已被誉为德行崇高，其也要虚怀若谷；即使已被奉为洁白光彩，也应以垢辱居之；人们感戴大恩大德，也应看到自己的不足；德行刚健，视若怠惰；质朴纯真，视若混浊；方方正正，但没有棱角。总之，老子为统治阶级设计了退守谦下内敛之术。

（九）要以百姓之心为心

第四十九章曰："圣人无常心，以百姓之心为心，善者吾善之，不善者吾亦善之，德善矣。""圣人在天下歙歙焉，为天下浑其心，百姓皆注其耳目，圣人皆孩之。"老子的要求极简单："以百姓之心为心"，即以百姓的意愿为意愿，以百姓的是非为是非。《庄子·在宥》说：万物虽贱，却不能不任其自然；百姓虽卑，却不能不顺着他，补白了《老子》未明言的话。要做到以百姓之心为心，第一，要"圣人在天下歙歙焉"，有的版本为"欲欲焉"，歙即吸，欲即喝。吸喝些什么？自然是百姓之意愿。第二，"为天下浑其心"，古今之注家多说，要使人民浑浑沌沌（这里是"为天下"的人浑其心），首先要泯灭私心，出于私心的为天下，会把事情办坏；其次要润物细无声的为天下，大喊大嚷仁人爱民的为天下，会变味，甚至可能是邀人心、谋大利的手段；再次是不逞才、不斗气的为天下。为天下之人，无不超群出众，他们往往会逞才斗气，听不进百姓之意愿，大搞顺我者昌，逆我者亡，此心不"浑"，也难以"以百姓之心为心"。只有如此，才能视民如子如亲。

（十）要尊道贵德，唯道是从

第二十一章说："孔德之容，唯道是从"。"孔德"即大德，对于统治者来说，他对于百姓的大恩大德就是唯道是从。这比"博施于民能济众""克己复礼"等仁人爱民的说教似乎要低调，却更难办到。仁可能是"善为道"的，也可能是非道的、化伪变质的。"唯道是从"就难以弄虚作假了。不过老子很清楚："道"是难以被认识与把握的。所以最好是顺从自然，"居无为之事"。同时老子又说：道虽然若隐若现，但它又是"有物""有情""有信""有象"的，自今及古，都在尽力认识它。善于为道的人，是可以"同于道"的。

（十一）要立于不败

《孙子兵法·计》曰："先为不可胜，以待敌之可胜，不可胜在己，可胜在敌"。所以，首先要致力于自身的"不可胜"，立于不败之地。同样，治国也得"先为不可胜"，确立不败之基。《老子》第五十四章："善建者不拔，善抱者不脱，子孙祭祀不辍"。首先是国君自身的"不拔"，"不脱"之建，如果君王自己多病多灾，自身难保，谈何其他？其次是国君家庭，宗室的"不拔""不脱"之建。如果"妻为敌国，妾为大寇"，宗室谋国篡逆，也难谈侯国之"不拔""不脱""不辍"了。所以老子说"善建""善抱"（保持）的原则，必须首先"修之身""修之家"，然后再"修之邦""修之天下"。如果治国者不先为不可夺，以待敌之可夺，却去趋天下之利，忘修王之道，身犹难保，何尺地之有？

（十二）要像婴儿、赤子那样纯朴

第十章、第二十八章、第五十五章都提到"能如婴儿乎"？"复归于婴儿"，"含德之厚者，比之于赤子"。这既是一种幻想，也是一种说教。为政者建身为国要以婴儿赤子为镜：表里如一，神形合一，纯朴无伪、无忧无虑、无私无争。同时又如赤子那样精气充沛、元气淳和，那样放松自己，排除杂念。但是能否如此？老子深知其难，所以他总是以试探的口吻，提出这种建议。

（十三）要"无为"——无私为

第五十七章说："我无为而民自化，我好静而民自正，我无事而民自富，我无欲而民自朴"。"我"即王公，只有他们的无为、好静、无欲，才能给人民带来自化、自正、自富、自朴的结果。这似乎看起来言过其实。但看看西汉初六十年的无为而治，以及东汉光武、孝明，北魏孝文，以及唐太宗等的无为而治，也许会感到言之有理。即便是英明的国君，他有所为的后面，又大都隐含着（甚至明摆着）私欲私利，或功名欲望。所以无为、无事、无欲，对昏庸之君来说，是请他们偷懒、偷闲，而对明主来说，则是请他们无私为、无私事、无私欲，不为一己私利去扰民。无事、好静、无欲又可简之为"无为"。"无为"当然含有不妄为，不蛮干的意义，但更主要的是不为私而为。这就是"正"。出于私心私欲的作为，常常是违背自然、逆乎人心的。而推行它，就不能用正道，只能借助于用兵的诡奇之术，于是"正复为奇，善复为妖"，为的越多，人民受害越重，因而这种有为必然与灾难相连接。因此，安静下来吧（好静），少些私欲吧（无欲）！别再你争我夺，没完没了吧（无事）！别再用诡诈权术戏弄人民吧（不"正复为奇"），这样人民自然会归顺和富足的。

（十四）要重农，要将耕耘收种看得无比重要

第五十九章首句过去是"治人事天莫若啬"，人们一直沿袭韩非子的诠释，理解为治人事天要"吝啬精神"。楚简《老子》此句是"给人事天莫若穑"，即给予人民（或富足人民），没有比务农更重要的了。再加上楚简《老子》还有

几个字不同于帛书本、今本，如以楚简本为准，《老子》的重农思想豁然开朗。对于一个以农业经济居绝对统治地位的时代，农业是国本、民本，重农即"重积德"，也就是国与民的"深槿固氏、长生久视"之道。

（十五）要忌折腾

第六十章说："治大国如烹小鲜"，烹鱼的道理可用以治理国家，即不要繁政扰民，别折腾。这对于务农至关重要。

（十六）要谦下、后己、无私、不争

五千言《老子》，有十个章直接作谦下、后己、无私、不争的说教。其中第六十六章与第七章最为典型。"江海之所以能为百谷王者，以其善下之，故能为百谷王。是以圣人欲上民，必以其言下之；欲先民，必以其身后之。是以圣人处上而民不重，处前而民不害，是以天下皆乐推而不厌，以其不争，故天下莫能与之争"。所谓"上民""先民"，即统治和领导人民。张松如先生说：这就是"以不争争，以无为为"。而严遵则以为这样做的结果是："非求民也，民求之也；非利民也，民利之也；非尚民也，民尚之也；非先民也，民先之也。"这也是一种政治辩证法。可想而知，比之江海与天地的人，绝非等闲之辈。而这种退身、外身、无私，其结果反能"成其私"，应该说，也是一种政治辩证法。

（十七）要慈、俭、不敢为天下先

第六十七章提出"三宝"："慈""俭""不敢为天下先"。"夫慈故能勇，俭故能广，不敢为天下先，故能成器长。"这些既是针对为君为政者的，也可能是针对孔丘的。用文子的话说：国君"苦一国之民，以养其耳目口鼻"。齐襄公"陈妾数千"（《管子·小匡》《国语·齐语》）。甚至连卫这样的小国，内宫也是"妇女文绣者数百人"（《墨子·贵义》）。而国君为名为地，争先恐后，动辄将人民推向战争，老子的"三宝"由此而生。同时"三宝"似乎有针对"仁"而发之意。因为"慈"有别于"仁""兼爱""爱人"。慈是一种慈母于子之爱，发自自然的天性。它是一种对人民、对兵、对下属有如亲子一般的理解和爱护。这样方能换得臣民士卒的武勇。"仁"具有明显的社会政治性，有时它就是一种伪饰与市易。人与禽兽之于幼子之慈就不是以图私利为目的的。同时，除慈而外，还有俭朴、不争先、不强出头，用以制约慈的掺假变质。这样的法宝，并不奇特，甚至太平淡，但它是实实在在朴素无华的。当然慈也不是完全没有目的的，慈之以为勇，俭之以为广，后之以为先，老子无为的目的还是有为的。

（十八）要承担对国家的诟骂及不吉不祥

第七十八章提出"受国之诟""受国之不祥"，即君王对于国家的屈辱、不祥，应进行自责。其实这也是老调重提。商汤说："万方有罪，罪在朕躬"（《书·汤诰》），即万方的罪过，归我一人承担。周武王说："百姓有过，在予一人"（《论语·尧曰》）。春秋早期进一步总结了这些历史经验。《左传·庄公十一年》有"禹、汤罪己，其兴也勃；桀纣罪人，其亡也忽"。而《老子》的"受国之诟""受国之不祥"，就是说要把人民背后的责难、咒骂，与国家种种不吉利看成是自己不善、不慎、失误造成的。孟子的"王无罪岁"就是同类思想的发挥。如此君王才会从自身、上层找出原因，那么克服改正就容易得多了。如此才能成为真正的"社稷主""天下王"。反之，诿过于天，诿过于臣民，那就不配为主为王了。但是老子知道很难这样办，君王难以接受这个办法，所以感叹"莫之能行也"。

（十九）要慎之又慎

如何临民为政用权？第十五章论述极为形象：古时善于遵循道的人，玄妙、深奥、通达，高深得难以理解。所以形象地描述一下：审审慎慎呵，他像冬天涉水过河；反反复复考虑呵，他像害怕邻国四面进攻；拘谨严肃呵，他像宾客；他们行动呵，像解冻的冰那样渐进；敦厚朴实，像未经雕琢；……遵行此道的人，从不过分，宁肯守旧也不急于求成。也就是说，理想的使权用民，如临深渊，如履薄冰，战战兢兢，慎之又慎，且是那样恭敬严肃，敦厚朴实，心胸宽阔，不含私心，还总是那样不过度，不超前，不急于求成，不贪大求全（"不欲盈""能敝而不成"）。如此临民为政，自然是"善为道"的。孔子的"出门如见大宾，使民如承大祭"，也是同类思想。

（二十）要不固执己见，不自以为是，不自我夸耀

不自高自大。第二十二章提出："圣人执一，以为天下牧，不自视故彰，不自见故明，不自伐故有功，不自矜故长，夫唯不争，故天下莫能与之争。古之所谓'曲则全'者，岂虚言也哉？诚全而归之。"也就是为君、为政者治理天下，永远不要固执己见，不自以为是，不自我夸耀，不自高自大。这虽叫无争，实际上是以不争争。要求平庸之为政者不自视自见，也许难度不大。而要英明圣智的为政者不自视、不自见，并且始终如一，就十分困难了。但是在专制政体下，这确是一个关乎安危治乱之大事。

（二十一）要慎交友

孔子有"莫友不如己者"之教。为君、为政者，同是社会一分子，自然也有这样的问题，而且这是关乎国家治乱的问题。在这方面《老子》也有类似的思想。第二十三章曰："从事于道者，道者同于道，德者同于德，失者同于失。同于道者，道亦道之，同于德者，德亦得之。"此章之"同"，和同也，同志同友也。《易·乾》："同声相应，同气相求"。《国语·晋四》："同德则同心，同心则同志"。而俗

话则说："君子以同道为友，小人以同利为友"。那么国君、为政者、圣者，凡志事于道的，应与有道有德的人相和同，有德之君也必定与有德之人相和同，失道之君与奸邪佞诡之人相和同。同德者相和同，可以得到道。有道之君与无道之臣相和同，是不可能行道的。同样有道之臣与无道之君相和同，连道也会失去。"观其所举，察其所同，得道失道可论，治乱可见"。

（二十二）要自知、自敛、自胜

"知人者智，自知者明"，乃老子名言。而《文子·微明》则点明了："知人则无乱政"。《韩非子·喻老》则又进一步："知之难，不在见人，在自见"，"志之难不在胜人，在自胜"。《吕氏春秋·自知》更点明了人君自知最难，"人故不能自知，人主尤甚"。而人主的自知关系到国之"存亡安危"，因此，人主"务在自知"，"败莫大于不自知"。这些思想实际上源于孙子与老子。第六十七章告诫人君要自知："天下皆谓我大，似不肖。夫惟大，故似不肖，若肖，久矣其细也夫。"天下都称颂我伟大，恐怕不像。如果像的话，那也许早已渺小了，用严遵的话说，早已"逆天行"了。

（二十三）要尊天、尊地、尊道、尊王，更要尊从自然

今本第二十五章的"有物混成，先天地生"，一致被认

为是《老子》的宇宙本体论，这是正确的。但人们忽视了它引出的结论却是政治："天大、地大、道大、王亦大。国中有四大安，王居一安"（楚简本）。"安"不是语助词，而是本字。"安，静也"（《说文解字》），定也，宁也。凡能尊天、尊地、尊道、尊王的，即国中能做到这"四大"的，则必收安宁、平静之功效。因为这是以小农经济为主体和封建专制主义的政治、文化条件下的必然。但是，尊王即"王大"的前提是天大地大道大，并且要法天、法地、法道、法自然，即尊重客观规律（法道），不可违背自然规律（法自然）；像天、地那样好静、无私、无欲。果能如此，岂不国泰民安？

（二十四）要安于无名，切勿求名取辱

按帛书本的排列，它是最后一章。先秦、两汉，序一般放在书末，所以这也就是《老子》的序言、结语。按帛书文字是："道恒无名，侯王若能守之，万物将自化。化而欲作，吾将镇之以无名之朴。镇之以无名之朴，夫将不辱。不辱以静，天下将自正。"侯王本来已经有了"至誉"之名，无须誉上加誉。因此，侯王要安守无名，切勿求名取辱。王弼用八个字概括《老子》："本在无为，母在无名。"无私为与不求名即《老子》说教的核心内容。为什么这样看重无名、不求名，并将其作为说教之核心内容？因为对侯王来说，首先，好名必生事，必舍公就私。其次，好名必多

战，战胜则骄，骄则恣。再次，好名必争名，争名必过度，争名无宽容。复次，君好名于上，臣争名于下，国无宁日。最后，无为必无名，无名方无为。总之，争名的结果是自取其辱、其困，乃至国弱国亡。安于无名的结果是国家与人民的安宁，天下自然安定太平。

综上所述，《老子》之主题是什么，《老子》的中心思想是什么，就一清二楚了。《老子》既是中国，也是世界最早的"政家圣典"。比较孔孟与墨家，钱穆之言："孔墨均浅近，而老独深远"（《古史辨》第四册），千真万确！

　　　（《〈老子〉的主题什么？——析"导"
　　德经》，此文最初刊于《中州学刊》
　　2004年第2期，现在将旧文翻出，
　　　　做了修改，呈《弘道》。）

关于《老子》圣人观的两点重要补正

——《老子》圣人观的重要理论基础

笔者读孙君恒先生的《老子圣人观的当代审视》(载《弘道》2006 年第四期),颇受启发。其中两处引文略有瑕疵,而这两处引文关系到《老子》圣人观的核心部分。如果按照帛书《老子》的文字,那么《老子》主张圣人治世的理论将更加清晰。

一 圣人治世的理论基石

孙文指出儒家《论语》仅有四次提到"圣人",而《老子》中则有三十二处提到"圣人"。这里补充一句:只有两千字的楚简《老子》也有八处提到"圣人"。可见《老子》是何等幻想"圣人之治"。其实这与柏拉图的主张比较一致:"圣人最宜做社会统治者,因为他是廓然大公。""大公"是圣人具备的首要条件。这自然使人联想到孙中山先生的至理名言："大道之行也，天下为公。"这里要追问：这种幻想出于何种历史与现实呢？那就是帛书《老子》的"善者不多，多者不善"论。而孙文引用的是今本《老子》的"善者不辩，辩者不善"。一字之差，却掩盖了《老子》幻想的理论基石。

帛书《老子》甲本标明"信言不美，美言不信。知者不博，博者不知。善者不多，多者不善"，此六句为独立的一章。它是知言、知学、知德的一组论断。而"善者不多，多者不善"即是知德论。它被今本妄改为"辩者"或"辩言"了。

稍稍注意比较一下，我们就可发现篡改《老子》"善者不多"论的痕迹。

第一，"知者不博……"两句，由第二组文字变成第三组；"善者不多……"两句，变成"善言（者）不辩，辩言（者）不善"，并由第三组文字提到第二组文字。

第二，如果"辩言"是巧辩之言，那么它与"美言"——漂亮话，岂不同义反复？

第三，"善言不辩，辩言不善"之断言，是否武断？善言未必不辩，辩言未必不善。老庄孔孟之言，许多既善且辩。此论可立，岂不否定自己？

第四，帛书《老子》的文字，可知《老子》之论乃知其言、知其学、知其德的全面知人之论。而今本《老子》的文字则只见知言、知学，而不见知德。

第五，今本《老子》被后人篡改过，还表现在这太刺眼的论断被今本调整到第八十一章去了。而在帛书《老子》中它居于全书之中央。而共七十七章的西汉竹书《老子》，是将其放于中间的第四十四章的。

但是仅仅如此，这恐怕还只能视之为孤证。因为这只是帛书《老子》乙本的文字，帛书《老子》甲本掩蚀了。如果先秦思想家、史籍、史官没有类似言论的话，那么帛书《老子》此组文字只能存疑了，但他们是有类似的言论的。

就信言、美言、知者、博者而言，《老子》在这里并不指芸芸众生，而是指"智者"，因为只有他们才与此相关。因此"善者不多，多者不善"的知德之言，主要是指当时的为政者、为学者；同时，从《老子》一再倡导的侯王应以无德、少德、不善之人自称、自识来看，"智者"首先包括为君者，即为君、为学、为政者道德达于善的不多，多数人尚未达于善。

《尚书·无逸》是周公所作，是被大家认可了的。周公对殷商的三十一位王有一个评价：只有中宗、高宗、祖甲三位君王能恭敬谨慎地治理政事，不贪图安逸，"能保惠于庶民"，因而享国以久："七十有五年""五十有九年""三十有三年"。但自此以后的君王，统统是"生则逸，不知稼穑之艰难，不闻小人之劳，惟耽乐之从"。并且从这以后，在位的殷王也没有能够长寿的："或十年，或七八年，或五六年，或三四年。"这是不是"善者不多"的具体表现呢？

再看诸子百家的言论。

一是道家。《庄子·胠箧》："天下之善人少而不善人多。"《庄子·徐无鬼》："捐仁义者寡，利仁义者众。"即为仁义献身的人少，想从仁义中得到好处的人多。显然这是"善者不多"论。《管子·侈靡》："贤者少，不肖者众。"《文子·微明》将天下之人分为二十五种："上五种有神人、真人、道人、圣人、至人。"这些人不用说属"善者"。然而，如此之"善者"却是不多的。

二是墨家。《墨子·法仪》说："天下之父母者众，而仁者寡"；"天下之为学者众，而仁者寡"；"天下之君者众，而仁者寡"。这岂不是"善者不多"论的翻版与改进？"善者"变"仁者"，更指明了这只是道德属性，但范围扩大了。

三是黄老道家。《尹文子·大道上》："今天地之间，不肖者实众，仁贤者实寡。"

在相同的历史背景下，孔子也感叹"善者不多"。《论语·述而》："善人，吾不得而见之矣。得见有恒者，斯可矣。"孔子周游列国遇七十余君，居然感叹不得见善人。这岂不也是"善者不多"观？《论语·子路》有一段对话："'今之从政者如何'？子答曰：'噫！斗筲之人也，何足算也'。"孔子对为政者毕恭毕敬，但却认为他们是器识狭小之人。《论语·卫灵公》："知德者鲜矣。"《论语·子罕》：

"吾未见好德如好色者也。"这是孔子对其学生的看法。在他看来，颜回是唯一长期（三月）不违仁德的学生，其他只是间或想起一下仁德罢了（《论语·雍也》）。可见，对于为君、为政、为学者的道德水平，孔子也是持"善者不多"这一观点的。

史籍有关这方面的记载，应该说很多，只不过因为记载分散，不注意就很难发现罢了。《汉书·十三王传》中有段话较集中："昔鲁哀公有言：'寡人生于深宫之中，长于妇人之手，未尝知忧，未尝知惧。'信哉！斯言也……汉兴至于孝平，诸侯王以百数，率多骄淫失道。何则？沉溺放恣之中，居势使然也。"居势使得多数侯王骄、奢、淫、私。同样，为学、为政者的道德也非一蹴而至善的。

由此可见，《老子》原文当是"善者不多……"的。那么，《老子》此论的目的是什么呢？《老子》说："知人者，明也；自知者，智也。"颜渊对孔子"智者若何，仁者若何"的答复是："智者自知，仁者自爱"（《荀子·天道》）。他们都不把"明智"看作是对事物的见闻以及经验之智，而认为是知人、自知、自爱。《文子·微明》则把"知人"与为政相连："知人无乱政。"《吕氏春秋·知己》更指出人主的自知关系到国之安危存亡；"败莫大于不自知"，"人故不能自知，人主尤甚"。《老子》的"善者不多"论，知言、知知、知德论，正是为为君、为政、为学者的"自知"与"知人"，尤其是对那些君主、侯王的"自知"而发的。

自知我的私欲多，远非达于善，应努力净化、静化自己的心灵，超脱名利，无欲无争。总之，所谓"善者不多，多者不善"，即善人不多，多数人不善。这使人想起鲁迅的话："历代皇帝基本上没有好东西。"《老子》幻想圣人之治岂不正是从这个世袭君主制、世卿世禄制的必然后果出发的吗？

以上正是"圣人之治"的理论基石。

二　圣人务必要"光明而不超前超常"

孙文引了今本《老子》第五十八章的"圣人是以方而不割……光而不耀"的文字，这里说的是"圣人"，而不是"侯王"，所以它是"圣人观"的关键所在。可惜它又被今本模糊了，如果依照帛书《老子》的文字，那么其意义就清楚深刻多了。不过，这不但牵涉第五十八章的整个含义，而且必须从第五十六章、第五十七章谈起。

《老子》第五十七章的"祸兮，福之所依；福兮，祸之所伏"，几乎无人不知。这是对人们反反复复的生活经历的概括。其实这个论断是为第五十八章反反复复的政治经验"正复为奇，善复为妖"作铺垫的。这才是此章的中心！可惜它却很少被人提及。"复"与"伏"、"倚"的含义不同，《说文解字》："复，行故道也。"所以这两句话的意思是"正道复归于权诈，善良复归于邪恶"。祸福是相依相伏的，同样，正与奇、善与妖也是会相互转化的。《老子》的"正复为奇"还是接着今本第五十六章的"以正之国，以奇用兵"而来的。这里特别需要说明的是：帛书甲乙本与楚简本、西汉竹书本《老子》不是今本（王弼本）的"以正治国"，而是"以正之国"，四个最古本皆为"之"，哪里能不注意它的含义的差别呢？"之"不通"治"，这里作"为"字解（《汉语大词典》）。怎样"以正之国"呢？《老子》的药方非常简单："我无为而民自化，我好静而民自正，我无事而民自富，我欲不欲而民自朴。"这里"我"是指侯王、君主、统治者。他们为国为民，要无私为、无私欲、无私事，不以一己之私扰国扰民，用现代话说，绝不从私利出发，要好静、少欲。这就是"正"。道理很简单，不过，很难办得到。再看何谓"以奇用兵"，用《孙子兵法·势篇》的话说："凡战者，以正合，以奇胜。故善出奇者，无穷如天地，不竭如江河……战势不过奇正，奇正之变不可胜穷也。"用今天的话来说，"以奇用兵"就是善于创新作战方式，善于选择敌人想不到的攻击时间，善于选择敌人想不到的主攻方向，善于使敌以奇为正，以正为奇。能否"以奇之国"呢？显然不能使用对付敌人的办法来对待自己的人民，而是要"以正之邦"。但是《老子》本身就有不少用"奇"的部分，比如不尚贤、愚民、抑制知识阶层，虽然这是为了返璞归真，但毕竟近于"奇"（也许，《老子》并不认为它是"奇")。比如"将欲弱之，必固强之；将欲灭之，必固兴之"，那是货真价实的"用奇"了，这奇既可对付外敌，又可对付内敌、政敌。而对于人民，《老子》并不主张用奇，而是反对用奇。但是君主、为政者，往往既主军，又主政；有的如吴起、商鞅等，既是军事家，又是政治家，这本身就存在正复为奇的危险性，对于他们来说，正奇之变，不费吹灰之力。何况祸福相通，福祸转化，为国本来是以正不以奇，如果君王、为政者一味标榜自己的正确、伟大，骄傲自满，那么他就会变得刚愎自用，会干出许许多多不是顺应自然，而是出于私心私欲的作为，就会以奇待民，借用兵诡奇之术，正复为奇，善复为妖，也就是将兵不厌诈，变为政不厌诈；将兵以诈立，变为政以诈立。这样就会使正确变为谬误，善良变为邪恶，正道变为诡诈，伟大变为渺小，光明变为黑暗。对于这些，不要说芸芸众生，就是一般的智者、士人，他们也都是迷迷糊糊的。"人之迷也，其日固久矣"。

下面就具体对比一下今本与帛书本的第一条的文字：

今本："其政闷闷，其民淳淳，其政察察，其民缺缺"。

帛书本："其正闵闵，其民屯屯；其正察察，其邦夬夬"。

西汉竹书《老子》也是"夬夬"。帛书《老子》释文与今本《老子》比较,有四个关键字不同。

第一,帛书《老子》甲、乙本皆为"正",而非王弼本《老子》之"政"。"正""政"虽古通,但人主之"政"怎能等同人主之"正"?千万等同不得。

第二,帛书《老子》的"闵",与傅奕本同;但王弼本为"闷",含义不同。《说文解字》:"闵,吊者在门也"。《孟子·公孙丑上》曰:"宋人有闵其苗之不长而揠之者。"拔苗助长即出于此。因此,闵者,忧患、担心也。

第三,今本《老子》为"缺缺",帛书《老子》则为"夬夬"。虽然秦简、楚简有以夬作为"缺""决"之例,但这里"夬"乃本字。《易·夬·象》曰:"夬,决也,刚决柔也。"《说文解字》:"夬,分决也。"夬夬为本字,与"缺缺"意思大不相同。

第四,今本《老子》为"其民",即指民、下;而帛书《老子》的"其邦",即指邦、国、君上。二者所指完全不同。可见,关键字的差别何其大呵!

按照今本《老子》的文字,这段文字的意思为"政治宽厚,人民就淳朴;政治严苛,人民就狡黠"。[①]但是按照帛书《老子》的文字,这段文字则译为:"〔(对能不能)〕以正为国,常怀忧虑,他的人民也就会谨慎仁厚;对以正国一味标榜,他的国家就会刚愎自用。"可见帛书文字正确而

---

① 陈鼓应:《老子注释及评介》,中华书局,1984,第93页。

深刻。

再看帛书《老子》乙本（甲本蚀）之文字，也与今本《老子》不同。

> 孙文引今本："是以圣人方而不割，廉而不刺，直而不肆，光而不耀。"
>
> 帛书乙本："是以方而不割，兼（谦）而不刺，直而不绁（肆），光而不朓。"

这里的不同，首先是帛书《老子》无"圣人"二字，说明它不只是指圣人，而是指所有按照圣人之教的"以正之国"者。其次，不是"廉""肆""耀"，而是"兼""绁""朓"。过去我们认为"兼"乃"廉"之省，"绁"乃"肆"之同声假借，"朓"后引申为"耀"。看来"绁"乃"肆"之假借字是对的。但兼、朓两字当另议。廉与谦，《说文解字》皆曰"兼声"。此"兼"是廉，还是谦之借呢?《黄帝四经·十六经》："雌节者，兼之徒也。"此兼即谦。《管子·五行》："通天下，唯有兼和。"于省吾新评："兼应读为谦。"因而此句应读为"谦而不刺"，即谦虚而不伤人。谦谦正是老子竭力倡导的。这与廉的含义不同。再看"朓"：(1)《广雅·释诂》："朓，疾也。"(2) 王念孙疏证："刘向以为朓者，疾也。"孟康注云："月行疾，在日前，故罕见。"(3)《玉篇·月部》："朓，疾也。"（4）清人段玉裁《说文解字·月部》："朓，行疾貌。"
（5）颜师古注引孟康曰："行疾也。"（6）这与《说文解字》
所谓的"朓，晦而月见西方谓之朓"的意思相同。夏历
月底本来是见不到月亮的，但此时月亮在西方出现。可见
《说文解字》所说的也是疾速与违背常规的意思。因此"光
而不朓"即光明而不超常、超前。因此按照今本、帛书本
文字，它的译文如下：

> 今本：因此圣人方正而不割人，锐利而不伤人，
> 真率而不放肆，光亮而不刺耀。（陈鼓应先生之
> 译意）

> 帛书本：所以方正而不生硬固执，谦虚而不
> 伤害别人，直率而不肆无忌惮，光明而不超常超前。

孟子说："天下不（揠苗）助长者寡矣。"《老子》是不
是也在说：那光明的"之"国者，不违背自然、不超常超
前的人太少了？可见，帛书本的含义正确而深刻。

现在归纳一下以上比较：所谓"以正之邦"之"正"，
即前面分析的无私为、无私欲、"好静"。对于这些"正"，
还得常怀忧虑，唯恐不正，这样，"正"就能保持与不变
味。如果一味标榜，大吹特吹，那么，君国、为政者就会
变得刚愎自用。福祸是相连的，它是没有定准的。治国必
须以正不以奇，但一旦刚愎自用，方正而固执，骄傲而肆

无忌惮，光明而超常超前；那么必然"正复为奇，善复为妖"。这两句话，也可以说成："正兮，奇之所依；善兮，妖之所伏。"总之，帛书《老子》的文字是正确的。今本文字中的关键字是错误的，所以《老子》想表达的"正复为奇，善复为妖"的方略被严重模糊了。多么可惜呀！

这一章是讲"圣人之言"的，所以它对《老子》圣人观、圣人之治来说是极为必需、极为重要的①！

刊于《弘道》2008 年第二期，总第 35 期，

这里做了重大修改

---

① 此文位于西汉竹书《老子》的第二十章、第二十一章与第二十二章前半部分，文字许多同帛书本，可惜整理者没有注意后一个分章之误，同时整理者注释有误。

兵家圣典先于政家圣典

——《孙子兵法》早于《老子》的福与祸

  1997 年第五期《历史研究》，发表了美籍华人、美国艺文及科学院院士何炳棣先生的《中国现存最古的私家著述〈孙子兵法〉》，该文经过多方面考证，得出的结论是《孙子兵法》早于《论语》《老子》。三年后，何院士又发表了《〈老子〉辩证思维源于〈孙子兵法〉的论证》①，更明确地表明："《孙子兵法》为《老子》祖"。两篇大作发聋振聩。对于先秦思想史来说，这是个"地震"。如果此说成立，先秦思想史"板块"顺序将会被重新组合、重新认识。可惜这两篇文章并未引起足够的关注。"目前，《孙子兵法》的春秋属性尚未引起国际上足够的注意和研究"，②笔者接着何院士的话题，比较《孙子兵法》《老子》之思想相通之处，探究《孙子兵法》《老子》孰先孰后。

---

① 何炳棣：《有关〈孙子〉〈老子〉的三篇考证》，台湾：天翼电脑排版印刷公司，2002，第 67 页。
② 何炳棣：《有关〈孙子〉〈老子〉的三篇考证》，台湾：天翼电脑排版印刷公司，2002，第 37 页。

一 "兵家圣典"是否先于"政家圣典"?

如果细查《史记》，我们会发现其中就有《孙子兵法》早于《老子》的记载。

第一，成书时间记载确凿。《孙子列传》："孙子武者，齐人也，以兵法见于吴王阖闾，阖闾曰：子之十三篇，吾尽观之矣。"可见，孙子见阖闾之前，《孙子兵法》十三篇已经撰就。孙武见阖闾，此事约发生在公元前512年。如果孙武与孔子年龄相差不大，那么其时孙武不过四十岁左右。

第二，家学渊源基础深厚。孙武出身将门，其祖为将军，伐莒有功。其庶祖田穰苴是武功卓著的名将，也是著名的军事理论家，晋师、燕师闻其名而退其军。

第三，有著书的充裕时间与经济条件。公元前532年，孙武为避难由齐逃到吴国，曾身为贵族，无生活之忧虑。孙武在吴国深居达二十年之久，直到约公元前512年他才见到吴王阖闾。《孙子兵法》十三篇当是他二十年闲居心血的结晶，也是他对先祖及前人成果的发展。所以，《孙子兵法》乃"孙武之手定"，不像诸子之文"皆出没世之后，门人小子撰述成书"。

第四，《老子》"君人南面术"决定了其必须研究军事理论。《史记·老子列传》虽然没有说明白老子其人是谁，《老子》成书于何时，但从出土不久的楚简《老子》看，今本、帛书《老子》，并非出于一人成于一时，再从《史记》详记老子之世系族谱看，尤其从"老子之子名宗为魏将"看，《老子》成书于战国，也就是成书晚于《孙子兵法》一百多年。而《论语》成书于公元前 420 年左右，已成共识。可见孙武根本不可能去研究尚未问世的孔、老著述，更谈不上孔、老对《孙子兵法》的影响。那么，孔、老有无可能受《孙子兵法》的影响呢？孔子是不屑于研究军旅之事的。《论语·卫灵公》曰："卫灵公问阵于孔子。孔子对曰：'……军旅之事，未之学也。'明日遂行"。但作为史官的老聃或太史儋，则另当别论，他们的职务决定了他们必须记载并且研究军旅方面的事，何况春秋战国以来，战争越来越频繁，治国与治军本来就密不可分。作为"君人南面术"的设计者，岂有不研究《孙子兵法》之理？细读与仔细比较《孙子兵法》《老子》，不难发现《孙子兵法》对《老子》的影响，《老子》对《孙子兵法》有借鉴、有改造。这里又有这样一个问题：上面说的《老子》是指五千言的帛书、今本《老子》，而二千言的楚简《老子》是否也同样如此呢？楚简《老子》下葬年代在战国中期偏晚，它有无可能是春秋时老聃传下来的作品呢，它有无可能影响到《孙子兵法》？孙武的军事哲学，有无可能受楚简《老子》政治哲学的启发呢？看来不可能，楚简《老子》之成书，不可能早于吴王见阖闾时的《孙子兵法》，此其一。其二，"老子修道德，其学以自隐无名为务"，"老子隐君子也"，他不可能很早就著书立说，即有著述也不可能广为传播。正像很难从《论语》，从新近出土的简帛佚籍中看到孔子读《老子》，受到《老子》的影响一样，孙武也是不可能从楚简《老子》中吸取营养的。不过，这个结论能否成立，还是要再对《孙子兵法》《老子》进行深入比较。

二 从基本战略性问题上的相通看《孙子兵法》《老子》

为政与用兵，政治辩证法与军事辩证法的某种相通、相似、相合，在《孙子兵法》《老子》中表现得很充分。这种相通，有直接的启发，也有间接的影响，还有的是不谋而合。所以在基本战略问题上，我们只提相通，还不敢说谁影响谁。

《孙子兵法》强调要自身先立于不败之地。"先为不可胜，以待敌之可胜。不可胜在己，可胜在敌"（《孙子兵法·计》）。所以必须先致力于自身"不可胜"的努力，立于不敢败之基。同样为政治国也有"先为不可胜"的问题，要先站在不败的基础上。今本第五十四章（以下只注章数）："善建者不拔，善抱者不脱，子孙祭祀不辍。"因为当时的国家是一姓一族以宗法血缘关系为基础的，"子孙祭祀不辍"就不只是子孙继嗣的问题，而是国家存亡的问题。国家不亡，就必须解决"不拔""不脱"的问题。首先是国君的"不拔""不脱"之建。如果国君多病多灾、性情乖僻、自身难保，就谈不上为政治国了。其次是国君家庭宗室的"不拔""不脱"之建。如果宗室不和乃至谋篡逆，还有"妻为敌国，妾为大寇"，也难谈国之"不拔""不脱""不辍"了。所以，老子说"善建""善抱"的原则，首先要"修（治）之身""修之家"，然后再"修之乡""修之邦""修之天下"。儒家的修身、齐家、治国、平天下，不也是同一个理吗？

《孙子兵法·计》又说："道者，令民与上同意也，故可与之死，与之生，而民不畏危。"为政治国也有"令民与上同意"的问题："圣人无常心，以百姓心为心"（第十九章）。即有道之国君、执政者，没有自己固定的意愿，而以百姓的意愿为意愿。这比起"令民与上同意"之"令"，自然更会"与上同意"的。从这一点看，似乎《老子》胜于《孙子兵法》，可否证明《老子》之后出？

《孙子兵法·地形》曰："视卒如婴儿，故可与之赴深溪，视民如爱子，故可与之俱死。"孙子没有提"仁"，只提视卒视民如子，而且兵民连提。同样，治国也要视民如亲。"《老子》曰：'我有三宝，持而保之，一曰慈，二曰俭，三曰不敢为天下先'"①。老子还说："夫慈，以战则胜，以守则固"。

---

① 金兆梓：《尚书诠译》，中华书局，2010，第6页。

战与守，既是军事，也是政治。看来老子、孙子在一唱一和。"慈"即"视民如爱子"，它是发自自然的天性，没有社会政治性，它是一种对民、对卒、对下属有如慈母之于儿女一般的理解与爱护。唯有如此，国君、为政者才能"俭"，才不敢拿人民去建功立业、争名夺利。这样人民才会与为政者同生死共患难。

水，是孙子借以比喻用兵制敌的理想物。《孙子兵法·虚实》曰："夫兵形像水，水之形，避高而趋下；兵之形，避实而击虚。水因地而制流，兵因敌而制胜。兵无常势，水无常形。能因敌变化而取胜者，谓之神"。同样，水也是老子借以喻政说教的理想物。"上善若水。水善利万物而有静，居众之所恶，故几于道矣。"（帛书本）孙子只是以水比喻用兵之无常势、无常形。而《老子》则是在更高深的层次、用水喻政、喻君。水对于人、对于万物之恩惠何其深重，但水却默默无声，从不显示自己的恩德，更不索取任何回报。以上两则能否说明《老子》是对类似主张的发展？

"知彼知己，百战不殆"。这已是众所周知的名言了。《孙子兵法·攻谋》接着说："不知彼而知己，一胜一负；不知彼，不知己，每战必殆。"老子也强调"知人者智，自知者明，胜人者有力，自胜者强"（第三十三章）。这里"知人"虽先"自知"，并不是说"自知"次于"知人"，实际上老子仍然是强调"自知"的。比如他一再倡导侯王以孤、寡、不毂即无德之人、少德之人、不善之人"自称""自名"；又如他的"善者不多，多者不善"，就是让侯王、为政者、为学者"自知"。如果王公真的以此自知、自识、自省、自律，国家岂不少去许多过失与灾难吗？也许《老子》之知己与《孙子兵法》无关，也许有感于《孙子兵法》，果然如此，岂不是青出于蓝而胜于蓝吗？

更重要的是孙子、老子都重视从全局来观察考虑为政与用兵。老子说："道大、天大、地大、王亦大。国中有四大，而王居一焉。人法地，地法天，天法道，道法自然。"（第二十五章）显然老子将道与自然看作是最基本的，是决定天、地、人、王的。这里老子在抬高王，但是意思很清楚，王必须以天、地、道、自然为效法的榜样，服从天、地、道，更服从自然。同时老子将王"列为"国中"四大"之一，也是自然经济的封建国家的一种需要、一种必然。这就是从全局考虑为政。

同样，孙子对于用兵，也是统观全局，从整体出发的。孙子曰："兵者，国之大事，死生之地，存亡之道，不可不察也。故经之以五事，校之以计而索其情：一曰道，二曰天，三曰地，四曰将，五曰法。"这里道、天、地是基本的，起决定性的，是"将"与"法"必须遵从的。而"将"与"法"在军事上的重要性同"王"在政治上的重要性是关乎全局的。这里可以看出，孙子的这种思想与《老子》是相通的。

三　从战术、策略上相通看《孙子兵法》《老子》

　　《孙子兵法·军争》说："善用兵者，避其锐气，击其惰归，此治其气者也，以治待乱，以静待哗，此治心者也。以近待远，以佚待劳，以饱待饥，此治力者也。""待哗"固然要"以静"，避其锐，待其乱，待其远、劳、饥，也都需要通过"静"来实现。也就是说，用兵常常通过吾方之"静"，然后伺机打击敌方之惰、乱、哗、远、劳、饥。在你死我活，瞬息万变的战争条件下用兵依然要强调"静"。在和平环境中的治国也有类似问题吗?《老子》再三强调"好静""清静可以为天下正""静为躁君"……因为静可安、可定。对于以自然经济为主的古代，这太重要了，同时可以以静观动、以暗观明、以静观变;还可以以静治心、遏欲、治身、治家。静在为政中的重要性，比用兵要超过百倍。

　　《孙子兵法·九变》说："无恃其不来，恃吾有以待也;无恃其不攻，恃吾有所不可攻也。"《老子》则说："祸莫大于无敌。"思想与行动上处于无敌状态，初则失去警惕与戒备，进而"近亡吾宝"，必然削弱乃至丢弃慈、俭等法宝，这就距国亡身灭不远了。这与孟子所说的："无敌国外患者，国恒亡"是一个意思，也与孙子上述思想相通。《老子》在同一章里说："吾不敢为主而为客，不敢进寸而退尺。"即我不敢挑起战争，而宁愿作应战的准备。不敢打敌不来、敌不攻、我主动的如意算盘，而作敌来、敌攻、我被动的防备。这样才能"两军相若，则哀者胜"。与其说《老子》是在谈政治，不如说也在谈军事。

《孙子兵法·作战》说："兵贵胜，不贵久。""兵久而国利者未之有也"。久，必然"百姓之费十去其七"，公家之费"十去其六"。同样，《老子》不仅一再认为："兵者，不祥之器也，非君子之器"，只有"不得已而用之"（第三十一章）。不得已用兵时还要"铦袭为上"，铦，锐利也；袭，轻装地突然袭击；锐利地而且又是轻装袭击，自然会得到"速"与"胜"之效果。

《孙子兵法·军争》说："军无辎重则亡。"同样，"君子终日行不离其辎重"（《老子》第二十六章），君子者，君王也，军队的最高统帅，不论走到那里，不论白天夜晚，都不能离开辎重、警卫。《孙子兵法·火攻》曰："主不可以怒而兴师，将不可以愠而致战"。《老子》曰："善战者不怒"。老子之弟子文子说："忿无怒言，怒无作色，是谓计得。"（《文子·上德》）意气用事、个人英雄主义、一触即发、火冒三丈，对于用兵是致命性毛病，同样对于君主为君为政也是自杀式的弱点。

不仅如此，《孙子兵法·军争》所说的："军争之难者，以迂为直，以患为利。"《老子》说："曲则全，枉则正，洼则盈，敝则新……"也是说的同一道理。同时《老子》用在为政为君上，可谓登峰造极："欲上民也，必以其言下之；欲先民也，必以其身后之。"（第六十六章）"圣人退其身而身先，外其身而身存……"（第七章）。"圣人之能成大也，以其不为大也"（第三十四章）。圣人之所以能够变得伟大，是因为他不自以为伟大……不就是"以迂为直"的极致？难道这不是胜于《孙子兵法》的地方吗？

《孙子兵法·行军》对于识别敌军外交辞令有两条精彩的结论："辞卑而益备者，进也；辞诡而强进驱者，退也。"译为白话就是：敌人使者言辞谦下而部队却加紧备战的，是企图向我进攻的；敌人使者言辞强硬而部队又向前逼近的，那是在准备后退。《老子》则说"正言若反"——正话反听，或正面的话含有反面的意思。毫无疑义：这两种论断相通，但后者之所指、后者之精练，能否说明它后出和超越了前者？

以上很难说一定就是《孙子兵法》影响了《老子》，如果说《老子》的作者，比孙武经历了更多更大的历史教训，那么《老子》有所借鉴《孙子兵法》，则是大致无误的。

四　从"诡道"的移植方面看《孙子兵法》《老子》

何炳棣院士在他的两篇论《孙子兵法》的文章中，提到《老子》之愚民与欲擒故纵之权谋，乃出自《孙子兵法》。

其一，何院士说："《老子》把《孙子兵法》愚兵的理论和实践提升扩大到愚民"。《孙子兵法·九地》曰:"将军之事,静以幽,正以治。能愚士卒之耳目,使之无知;易其事,革其谋,使人无识;易其居,迂其途,使人不得虑。帅与之期,如登高而去其梯;帅与之深入诸侯之地而发其机,焚舟破釜,若驱群羊,驱而往,驱而来,莫知所之。整聚三军之众,投之于险,此谓将军之事也。"《老子》则"故曰:为道者,非以明民也,将以愚之也。民之难治也,以其知也。故以知知邦,邦之贼也;以不知知邦,邦之德也。恒知此两者,亦稽式也。恒知稽式,此胃玄德。玄德深矣!与物反矣,乃至大顺。"(第六十五章)。不仅如此,《老子》更提出:"不上贤,使民不争;不贵难得之货,使民不为盗;不见可欲,使民不乱。是以圣人之治也,虚其心,实其腹,弱其志,强其骨,恒使民无知无欲也;使夫知(智)不敢,弗为而已。则无不治矣!"(第三章)军事保密与战争求胜的需要,使孙武提出"愚士卒之耳目""若驱群羊"。再比较《老子》的愚民理论,其显系事后的发展,而且《老子》明确指出愚民的关键第一在不尚贤,第二在使那群智者不敢胡来。真是抓住了要害!由此也可以看出《老子》是后出的吧!

其二,欲擒故纵。《孙子兵法·计》曰:"兵者,诡道也。故能,而示之不能;用,而示之不用;近,而示之远;远,而示之近;利而诱之,乱而取之,实而备之,强而避之,怒而挠之,卑而骄之,佚而劳之,亲而离之,攻其无备，出其不意。此兵家之胜，不可先传也。"这与《老子》第三十六章的："将欲拾之，必古张之；将欲弱之，必古强之；将欲去之，必古兴之；将欲夺之，必古予之……。"岂不如出一辙、而略高一筹？

那"为无为，事无事，味无味"，套用上面孙武的话说，岂不就是"为而示之无为，事而示之无事，味而示之无味"？要不然，臣下的奉迎讨好，闻风而起，"上有所好，下必甚焉"，"上一下十"的规律发挥作用，岂不会把事情弄糟？何况还必须瞒过敌国的窥探呢。《孙子兵法·虚实》曰，"形兵之极，至于无形。无形，则深间不能窥，知者不能谋"，即用兵的极至在于迷惑敌人，不露一点真迹，连埋藏得很深的间谍也不能窥测到实情，即使很有智谋的人也无法设谋。《老子》的"为无为，事无事，味无味"，不也有类似的考虑吗？《老子》说的：国家的权道机制运行是不可以昭示于众的，更不可假借于人，即"国之利器不可以示人"，它已经大大超过孙子的战争谋略了。

五 《老子》对《孙子兵法》的重大改造与
发展是防止"奇正之变"

从楚简《老子》来看，其承认"势大象，天下往"，即权势盛大，实力雄厚，能够使天下归往。但《老子》并没有任何兵家法家的任势、造势，"执柄以处势"的主张。《孙子兵法·势》："凡战者，以正合，以奇胜，故善出奇者，无穷如天地，不竭如江河。""战势不过奇正，奇正之变，不可胜穷也。"《老子》哪里会不知道这些理论？同时也必定会承认和肯定"以奇用兵"，而且还肯定对待政敌要用奇。但总的来说是力主"以正治国"，反对"奇正之变"，以及把任势、造势用在为君治国上的，这对于本来就是战争体制与军国一体下的各国显然是十分正确又十分艰巨的。那么《老子》所谓的"以正治国"是什么呢？它不是什么仁义、兼爱、泛爱众等，而是极简单的几条："以正之邦，以奇用兵，以无事取天下。吾何以知其然也？夫天下多忌讳而民弥贫；民多利器而国家滋昏；人多知而奇物滋起；法物滋彰而盗贼多有。是以圣人之言曰：我无为而民自化；我好静而民自正；我无事而民自富；我无欲而民自朴。"（第五十七章）什么是"正"？正即是为君和统治阶级的治国不为私而为（无为），不为私事而事（无事），不为私欲而欲（无欲），不为一己权力功名扰民动天下（好静）。《老子》说了上面这段话后，紧接着就提出防止"正复为奇，善复为妖"的一套方略，可惜它被今本《老子》严重模糊化了。对此笔者按照帛书本、楚简本、西汉竹书的文字，其原文如后："其正闵闵，其民屯屯；其正察察，其邦夬夬。祸，福之所依；福，祸之所伏。孰知其极？其无正也？正复为奇，善复为妖，人之迷也，其日固久矣。是以

方而不割，谦（非"廉"）而不刺，直而不肆，光而不朓
（非"耀"）。人们熟悉"祸，福之所依；福，祸之所伏。"
其实这个论断是为下面的"正复为奇，善复为妖"的论断
作铺垫的。《说文解字》："复，行故道也。"所以这两句话
的意思是："正道复归于权诈，善良复归于邪恶。"祸福是相
依相伏的，同样，正与奇、善与妖也是会相互转化的。《老
子》的这个论断正是接着上面"以正之国，以奇用兵"而
来的。怎样"以正之邦"呢？即为国为民，不从私利出发，
这即"正"。而所谓"以奇用兵"，用今天的话来说，就是
善于创造作战方式，善于选择敌人想不到的攻击时间，善
于选择敌人想不到的主攻方向，善于使敌以奇为正，以正
为奇。能否"以奇之国"呢？显然不能使用对付敌人的办
法来对待自己的人民，而是要"以正之邦"。但是祸福相
通，福祸转化，为国以正不以奇，但为国者出于私心私欲
的作为，又往往会以奇不以正，借用兵诡奇之术，正复为
奇，善复为妖，也就是将兵不厌诈，变为政不厌诈；将兵
以诈立，变为政以诈立。这样，就会正确变为谬误，善良
变为邪恶，正道变为诡诈，伟大变为渺小，光明变为黑暗。
"人之迷也，其日固久矣。"《老子》开出了防止正复为奇、
善复为妖的方略有三。第一，无为、无事、无欲、好静。
第二，帛书本的文字是："方而不割，谦而不刺，直而不肆，
光而不朓"（今本为"廉而不刺""光而不耀"，误）。《说文
解字》："朓，晦而月见西方、谓之朓"。夏历月底，本来见

不到月亮，但此时月亮出现在西方，超常之意。与今本之
"耀"字含义不同。译为白话即"方正而不生硬固执，谦虚
而不伤害别人，直率而不肆无忌惮，光亮而不超常超前"。
第三，按照今本《老子》的文字，"其政闷闷，其民淳淳，
其政察察，其民缺缺"，它被译释为："政治宽厚，人民就淳
朴；政治严苛，人民就狡狯。"①但是按照帛书《老子》的文
字，"其正闵闵，其民屯屯；其正察察，其邦夬夬"，译为
白话就是："（对能不能）以正为国，常怀忧虑，他的人民也
就会谨慎仁厚；对以正为国一味标榜，他的国家就会刚愎
自用。"显然帛书本正确，应依帛书本②。所以《老子》此章
防止以正治国变为"以奇治国"的主药是：对以正治国常
怀忧虑，唯恐不正，这样，"正"就能保持并不变味。如果
一味标榜，大吹特吹，那么，君国就会变得刚愎自用，超
前超常。老子说：福祸是相连的，它是没有定准的。治国
必须以正不以奇，但一旦刚愎自用，又往往会"正复为奇，
善复为妖"。所以这两句话，也可以理解为："正，奇之所

① 陈鼓应：《老子注译及评介》，中华书局，1984，第293页。
② 帛书、今本就有四个关键字不同。第一，帛书《老子》甲、乙本皆为"正"
而非王弼本《老子》之"政"，"正""政"虽古通，但人主之"政"
怎能等同人主之"正"？第二，帛书《老子》的"闵"，与傅奕本同；
但今本多为"闷"，含义不同。《说文解字》："闵，吊者在门也。"
《孟子·公孙丑上》曰："宋人有闵其苗之不长而揠之者。"因此，
闵者，忧患、担心也。第三，今本《老子》为"缺缺"，帛书《老子》
则为"夬夬"，虽然秦简、楚简有以夬作缺、作决之例，但这里"夬"
乃本字。《易·夬·象》曰："夬，决也，刚决柔也"。《说文解
字》："夬，分决也"。夬为本字，与"缺缺"意思大不相同。"夬
夬"引申为刚愎自用。第四，今本《老子》"其民"即指民、指下；
而帛书《老子》的"其邦"，即指邦、国、君上，所指完全不同。

依；善，妖之所伏。"可见，作为军事哲学的《孙子兵法》，当然只能从用兵出发，强调"奇正之变，不可胜穷"，而作为政治哲学的《老子》，主要谈的是为君、为政治国，它所强调的是"以正治国"，虽然也承认"以奇用兵"。但上述两章及其他有关的章说明《老子》为防止"正奇之变"可以说是殚精竭虑了。由此也可以看出《老子》是如何从《孙子兵法》那里汲取借鉴与营养的，目的在防止移军于政的种种弊端。总之，从防止奇正之变来看，《老子》后出，而且是后来者居上！

六　倡导"无名"者《孙子兵法》先于《老子》

王弼用"本在无为，母在无名"概括《老子》。极准确！因为无为必无名，无名方能无为。所谓"无名"之"名"，它与"名可名，非恒名"，"无名，天地之始"的"名"不同。后者指认识、概念、称谓等，而《老子》"无名"之名更多的是指荣辱、功名之名。无名即安于无名、不求名、更不争名。孔子曰："君子疾没世而名不称焉"（《论语·卫灵公》），孟子也说"耻没世而无闻焉"。庄子、韩非子等都说过同样的话："凡人之有为也，非名之则利之也。"这些说的是一般人。而对于侯王来说，则是另外一回事了：必须安守无名。是谁首倡无名？自然不是孔子，也

不是老子。首创当属孙武。其《孙子兵法·地形》曰："进
不求名，退不避罪，唯人是保，而利合于主，国之宝也。"
说的是将帅在决定进与退，战与不战，不能以一己之名望
为转移，而应唯人是保，国家利益至上。如果搞个人英雄
主义，贪功冒进，死打硬拼，不顾人民与士卒的死活，那
非吃败仗不可。而侯王的地位比将帅更特殊、更重要。将
帅之上有国君，中有同僚，下有将士的牵制，而侯王则手
握各项大权，几乎不受太多制约，而他的声誉与荣耀、地
位与权力，已经至高至上。居此高位，不安守无名，不守
朴守静存真，反而求名争名，好大喜功，急功近利，那会
怎么样呢？"楚王好细腰，国人多饿死"。侯王好名、奉承、
讨好、吹捧，不用说它必然给侯王个人进而给国家带来困
辱，结果又必然是人民遭灾受难。所以《老子》一书或直
接的或间接的进行无名说教多达四分之一。如帛书本首章
首句就是"上德不德，是以有德"，有德而不以为德，自然
也不以德钓名争名。并且按照帛书《老子》的章序和文字，
其最末一章就是将《老子》之说教总括为"侯王守无名"：
道恒无名（道永远无名、更不求名），侯王若能守之（侯王
如果能像道那样安守无名），万物将自化（万物将会自然
归化）。化而欲作（万物归化之后贪欲又会再度发作），吾
将镇之以无名之朴（我就用无名去镇静它，使它再回到质
朴上来）。镇之以无名之朴（用无名去镇静贪欲，使它回到
质朴上来），夫将不辱（那侯王就不会遭到困辱）。不辱以

静（侯王不遭困辱就可以宁静），天下将自正（天下自然就
会太平安定）。这自然是对无数君王求名求荣取辱、使国家
人民遭灾受难的历史教训的总结，可见孙武的"进不求名，
退不避罪"的说教对《老子》影响何其之大！更重要的是
《老子》从《孙子兵法》中得出防止"正复为奇"一系列
认识。

孙子、老子思想方法上的相通还表现在深刻的辩证思
想上，他们都能同时把握事物对立的两个方面，并将其相
互依存、互相转化。一个是从军事方面升华的战争经验，
另一个是侧重于政治的历史经验。他们分别形成各自的军
事哲学与政治哲学。对此，何炳棣院士已对此有深刻的分
析。这里不再重复了。

《孙子兵法》现今已被译成数十种语言，成为中国和许
多国家兵家的必读物，甚至还被国内外的企业家运用，这
说明军事哲学的某些东西是超时代、阶级、地域的。它的
某些规律对于我们现在许多国家和人们还都有参考、实用
价值。政治哲学、伦理道德的阶级性、时代性、地域性与
军事哲学有所不同。但是其也有许多精湛的思想是超越时
代、超越阶级、超越国度的，像《孙子兵法》那样具有普
遍意义。尽管老子的一些思想确属糟粕，或者早已过时，
但大部分仍具有生命力和长久的借鉴价值。遗憾的是《老
子》被人们认识和运用的程度远不如《孙子兵法》。当老子
成为"太上老君"，变成教主之后，《老子》被称为《道德

真经》，同时为了适应政治与宗教的需要，它的篇次被颠倒、章次被调整、分章结构被压缩、某些文字被篡改了。《老子》本来就是"辞称微妙难识"的，这样一来它的政治哲学更模糊了。我们需要将楚简、帛书甲乙、西汉竹书四古本《老子》放在一起进行研究、复原、"破译"与"开发"。相信有一天，《老子》会像兵家圣典《孙子兵法》那样，以其本来面目再度重现于世，跨越国界，走向世界。

刊于《学术月刊》2004年第十一期，这次对题目
与内容做了重大修改、补正。

汉文帝、唐玄宗与《老子》

《老子》究竟是对谁的进言？汉文帝早已用自己的言行做了最生动的诠释。《老子》正如班固的《汉书·艺文志》所说的"君人南面术"，即一种政治哲学，东汉时渐渐向人生哲学方面转化。到了唐朝，唐玄宗虽然也承认《老子》中的南面术，但他把《老子》改造为一种人生哲学了。最早含糊提出这一点的是西北大学宗教学专业教授李利安先生。他的根据是唐玄宗撰写并令全民诵读的《通微道诀》，致使《老子》由"君人南面术"变成了一种"民众生活准则和安身立命的精神依托"（此句乃李利安先生语）。

欧美用宪法至上与普选的"笼子"，将上至总统，下至百官，统统关进了"笼子"，使他们不得不唯选票是从。中国古代帝王口含天宪，一言九鼎。而《老子》作为劝导侯王与百官遵道贵德，少私寡欲，勿求名取辱的政治道德说教哪能转变成芸芸众生安身立命的精神依托呢？唐玄宗对《老子》的扭曲、改造，必须引起我们重视，探究其扭曲、改造的出发点，从而指出其不合理性。

一　汉文帝用自己的言行注释《老子》

汉文帝根本没有注《老子》，但是他的言行却给予《老子》最正确、最形象、最生动的诠释。

汉文帝生于汉高祖五年（前202），成长于混乱的宫廷争斗环境，即位时，国家财力严重不足，人民生活相当困顿。"君臣俱欲无为，天下晏然"。所以汉文帝对黄老之学，尤其是对《老子》的体会至深，不敢忘谦卑，亦不敢忘节俭，视民如伤。这就是汉文帝能以自己的言行为《老子》作注的历史大背景。

公元前179年，汉文帝即位，向西面辞让三次，向南面辞让二次，称"寡人不佞"，"寡人不敢当"。如果只认为它是种礼让形式、含有作秀成分，那是不够的。他不但"自称"而且"自名（识）""寡德之人"，的确体现了《老子》"谦谦"之教。而在即位当年，他做的第一件善事就是废除一人有罪、家人收为奴隶及其他相连坐的法律，即废除"犯法已论，而使毋罪之父母妻子同产坐之，及为收帑"。应该说，这是大快人心的事。

就在这一年十一月，接连发生了两次日食（一说月食）。汉文帝认为这是"人主不德，布政不均，则天示之以灾，以诚不治"的。他深知"天下治乱，在朕一人"，所以他进行了"自我批评"："下不能理育群生，上以累三光之明，其不德大矣"。他决定：一是令大家都来想想他有哪些"过失"，原原本本告诉他；二是推举"贤良方正能直言极谏者"，以匡正他的不及；三是务必减轻徭役和缩减日常费用；四是虽然不能"罢边屯戍"，但精减军队，将多余的马匹装备拿给驿站。虽然将日食天气认为是"人主不德"的象征并不科学，但汉文帝把所有的责任全揽到自己身上，可谓将《老子》的谦下以及"受邦之诟，是谓社稷主；受邦之不详，是谓天下王"，做得很到位，完全体现了老子的"上德不德是以有德"。

公元前178年，汉文帝又做了两件大事。第一件，他认为农是国家的根本，要举行藉田礼，要亲自带领大家耕种，以供给宗庙祭祀，同时决定"今年田租之半"，即三十税一。第二件，废除诽谤妖言罪的法律。他的根据是"古之治天下，朝有进善之旌，诽谤之木，所以通治道而来谏者"，而诽谤妖言罪的恶果是"使群臣不敢尽情，而上无由以闻过失也，将何以来远方之贤良"？所以，"诽谤妖言罪"的钳口律要废除，对于以前认为是大逆不道的言论从此以后听由它去，不要治罪（"民或祝诅上以相约结而后相谩，吏以为大逆；其有他言，而吏又以诽谤……自今以来，有犯此者勿听治"）。比起秦始皇时的焚书坑儒，汉文帝要开放口禁，废除秦以来的以腹诽、巷议治罪的苛政。这件事可以说是划时代的大事，意义非同小可。

汉文帝十三年（前167），有三件事彪炳史册。其一是废除"秘祝"之官、之制。这种官制的任务就是专门"移过于下，国家讳之"。汉文帝说："盖闻道，祸自怨起，而福由德兴。百官之非，宜由朕躬。"他还说哪能嫁祸于下、于人？岂不彰显他的"不德"吗？其二是这年的五月，齐国太仓县令淳于公有罪当受刑罚，被逮捕关押在长安。他有五个女儿，没有儿子，当他被捕押之时，埋怨生女不生男，骂他的女儿们不管用。他的小女儿缇萦听了很伤心，随父到了长安，上书曰："妾父为吏，齐中皆称其廉平，今坐法当刑。妾伤夫死者不可复生，刑者不可复身，虽复欲改过自新，其道无由也，妾愿没入为官婢，赎父刑罪，使得自新。"书达汉文帝，天子怜悲其意。下诏说：听说有虞时代，是用有差异的衣服、冠巾等物饰来表示刑罚的，使民众知耻不犯法，现在却用断肢体、刻肌肤等各种各样的肉刑，使受罚终生不止，"何其痛楚不德也"！因而他表示要"除肉刑"。"秦断狱岁以千万计"，怎能与之相比呢？不过它没有妨碍对个别案例施"夷三族"之刑。其三，不再是以前两次"减田租之半"，而是"除田之租税"。并且在这之前，汉文帝两次下诏，重申"农，天下之本，务莫大焉"，"道民之路，在于务本"。在中国古代，这是极为罕见的事。

汉文帝十四年（前166）春，汉文帝又有一番话：我主持祭品以事奉上天和宗庙以来，已经十四年了。以不敏不明之身的我而长久抚临天下，甚感自愧。……听说祠官向神祈福，皆归福于我，而不为百姓祈福，我很感惭愧。以我这不德的人，躬享独美之福，百姓不在其内，是加重我的不德呀！不要这样祈福吧。又过了两年，匈奴为害边境，杀了许多官吏和民众，民不安生，汉文帝又再次责备自己"不明""不能远德""德薄""不德"，并采取了相应的对策。

公元前158年，天旱且遇蝗灾。为此，汉文帝令诸侯不要入贡，废弛山林川泽的禁令以利百姓，减少自己的"服御狗马"，裁减吏员，散发仓库之存粮以赈贫民。

汉文帝即位二十三年以来，"宫室、苑囿、狗马、服御，无所增益，有不便，辄弛以利民"。他经常穿粗糙的织物，命令宠爱的慎夫人，衣服不得拖至地面，用的帏帐不准绣彩色花纹，以此来表示敦厚朴素，为天下人做出榜样。更重要的是汉文帝"不治坟，欲为省，毋烦民"，所修陵墓"皆以瓦器，不得以金银铜锡为饰"，这些与秦始皇动用七十万民力修骊山，穷奢极欲的装饰相比，可谓天上地下。这种种无为、无欲、无事（不生事扰民）、以德化民的结果是"海内殷富，兴于礼义"。粮价由战国时的"石三十钱"、秦始皇的"米石千六百"、汉初的"石粮万钱"，至汉文帝时降至"石十余钱"，由此可以想见国家殷富的程度。

公元前157年，年仅四十七岁的汉文帝驾崩。汉文帝在他的遗诏中谴责"厚葬破业，重服以伤生"，对如何薄葬，如何不要因为自己的死而伤害百姓的生活、生产方面，以及让宫中夫人以下七个等级的妃嫔、宫女回家再嫁的事，都一一做了具体部署。同时他依然承认"朕既不德"，可谓死而不忘谦、不忘俭、不忘便民，不忘放美女宫人出宫过民间生活。何等感人至深呵！

汉文帝对于匈奴的侵扰和个别诸侯王的叛乱，以及重大的欺诈行为，并非"无为"，比如对匈奴，他就曾三次发兵征讨，甚至决定亲自领兵出击匈奴，"群臣谏，皆不听。皇太后固要（坚决阻止），帝乃止"。汉文帝十七年，新垣平诈令人献"人主延寿"之玉杯，使汉文帝更改年号，但后来发觉受了欺骗，于是新垣平被施以"夷三族"的重刑。但总的来说，对匈奴，对内乱，汉文帝以怀柔为主。

可见，汉文帝一生的言行都是对《老子》最出色、最生动的诠释。

第一，"上德不德，是以有德"，从不以德自居、更不以德自大、自利、自骄。

第二，德的纯一、无私与一贯，汉景帝谓之"不私其利也"。

第三，时刻提醒自己的"不德""薄德""不能远德"，即老子的"自谓"、"自名"、孤、寡、不穀。

第四，立于反弱，以愚自处。不自视、不自伐、不自矜，看不出汉文帝的固执己见，自以为是、自高自大、自我夸耀，而是以谦下为本。

第五，将"慈、俭、不敢为天下先"，而又敢为天下先，做得恰到好处。

第六，重农。汉文帝多次表明重农，可能与他读到的《老子》是楚简《老子》中的"给人事天莫若穑"有关——富足人民侍奉上天，没有比务农更为重要。而今本《老子》的"治人事天莫若啬"大错特错，它将重农之大事变成吝啬精神，太离题。

第七，开放口禁，以百姓之心为心。

第八，除苛刑。

第九，力行了老子的"我无为（无私为），我无欲（功名欲），我无事（不以一己私事扰民），我好静，而民自化、自正、自富、自朴"。

第十，承担国家一切不吉不祥的责任，反求诸己。

总之，《老子》"南面术"中的谦柔、立于反弱等的政治道德，约束王者权力的一系列说教，充分体现在汉文帝一生的言行中。

二　唐玄宗对《老子》作了多方面的改造

唐玄宗虽然也是出身于帝王之家，但他生长于太平盛世时代，隋王朝的败亡已经过去一百多年。隋亡的教训他自然知道，但对于他来说印象更深的是宫闱政变。从其祖母武则天失权起，至先天元年（712）玄宗即位，几年间，六次政变，五易皇位，帝后宫妃，公子王孙，将相大臣，多有惨死。他即位之后，任命姚崇为宰相，即着手协调统治阶级内部关系，稳定政局，废除深刑苛法，禁止外戚宦官干预政务，皇亲不任高官，近臣犯罪一概绳之以法，杜绝进献之风，停止大造寺观宫殿，允许甚至鼓励谏臣犯逆鳞，进嘉言，从而拉开了"开元之治"盛世的大幕。后来，唐玄宗开始为《孝经》作注，他的意图很明显，意欲将"孝"作为治理天下的一个重要手段，然后他的目光又转向《老子》。唐代对老子的尊崇，始于唐太宗李世民，他自认自己是老子李耳之后。乾封元年（666），唐高宗亲往亳州老君庙拜祭，追号老子为"太上玄元皇帝"，678年他下诏《道德经》为上经。唐玄宗发现《老子》对于治国、安民、稳定统治阶级内部与被统治阶级很有用。所以他比唐太宗、唐高宗对《老子》更情有独钟。开元十年（722），唐玄宗诏曰："老子道德经宜令士庶家藏一本。"开元二十三年（735），唐玄宗亲自注疏《老子》后，群臣奏请："四海同文，一辞宁措"，"许之"。这样一来唐玄宗开始对《老子》做出了多方面的改造。

第一大改造：用行政力量颠倒《老子》的结构布局与固定一些错误的文字。

唐玄宗《道德真经疏外传》曰：

《道藏》分上下者，开元二十一年，颁上所分，别上卷四九三十六章，法春夏秋冬；下卷五九四十五章，法金木水火土。

可见《老子》道上德下的篇次与分章，不是根据《老子》原本的思路，而是唐玄宗臆想出来的。

天宝元年（742）四月，唐玄宗专门下了《分道德为上下经诏》。诏曰：

> 化之原者曰道，道之用者为德，其义至大，非圣人孰能章之？昔有周季年，代与道丧，我列祖玄元皇帝，乃发明妙本，汲引生灵，遂著玄经五千言，用救时弊，义高象系，理贯希夷，非百代之能俦，岂六经之所拟？承前习业人等，以其卷数非多，列在小经之目，微言奥旨，称谓殊乖。自今以后，天下应举，除崇玄学士外，自余所式《道德经》宜并停，仍令有所司更详择一小经代之。其《道经》为上经，《德经》为下经，庶乎道尊德贵，是崇是奉。（《册府元龟·帝王部·尚黄老》）

此诏除了指出道为原、德为用及《道德经》在应举（试）中的地位外，还指出《道德经》的"称谓殊乖"。所谓"殊乖",即《道德经》除了一种道上德下的本子外,还有另一种德上道下的本子。注意古老的严遵本、王弼本 ① 等也是德上道下的篇次。唐玄宗认定《道德经》"称谓殊乖",这才引出了他专门下了一道《分道德经为上下经诏》,以统一不统一的道德经的篇次。1973 年国家出土了帛书《老子》甲乙本,它们证明了古本原貌确实是德上道下的。虽然刘向定著《老子》的文字与篇章,也可能是道上德下的,但它只限于宫廷、国家藏书阁。民间还不可能统一,只能各行其是,唐太宗却用"圣旨"——最权威的行政力量,正式并彻底统一固定道上德下的篇次,及某些错误的分章,而且其"一辞宁措",也固定了许多尚有问题的错误文字。这一举措,似乎是一件小事,其实不然,仅从颠倒篇次来说,它大大模糊了《老子》的结构布局,打乱了由浅入深的说教思路(从异常深奥的"道可道……"入手)以及偏离了说教的重头部分("德"的部分),更要命的是将《老子》的序言总结语完全掩盖了。先秦之序、之总结语,置于书末,而唐玄宗将《老子》篇次颠倒,序言与总括的话就不见了。这是唐玄宗对《老子》最大的改造。如果唐玄

① 王弼注《老子》德经为上的证明还有很多,难以列举。其中有力的证据是其自证。他对第三十八章之注特别长。一般来说,古时编注之书无序言,而此序言却放在首章之注之按语中。如司马光之《资治通鉴》,第一卷第一个"臣光曰",长达四百余字。他因何、如何编通鉴全在此注中,就是今人编著的东西,也有类似现象。王弼注《老子》,第三十八章(即德之首章),注长达千二百字,远远超过第一章之注。王弼对《老子》思想总的理解就在此注中。可见,王弼《老子道德经注》是以德经为上的。

宗不用"圣旨"统一篇次、分章和文字，那么，《老子》恐怕不会遭到如此大的误解，其对历史的影响会是另样的。

第二大改造：唐玄宗开始将《老子》进言的对象由"侯王"一步步引向臣民，内容由"南面术"转向"人生哲学""生命智慧"。

应当说，唐玄宗为《道德经》所做的注疏，不乏对"南面术"的真知灼见。比如对"反者道之动"，注曰："此明权也。反者取其反经合义。反经含义者，是圣人之行权，行权者是道之运动，故云反者道之动也。"对"弱者道之用"，注曰："此明实也。柔者取其柔弱雌静者，柔弱雌静者，是圣人之所实处，实道之常用，故云弱者道之用。"唐玄宗所谓的"圣人"即君王，显而易见，他不仅把它理解为君道，还指明人君要立于反弱，守雌守柔，这比今人认为它是"自然界事物的运动和变化不依循的规律"要正确百倍。又如对第五十二章的"塞其兑，闭其门，终身不勤"，注曰："爱悦也，目悦色，耳悦声，六根各有所悦，纵则生患，是故塞之不纵六根爱欲，则祸患之门闭。"自然"开其兑，济其事"，则是"开张六根，纵其欲，常有祸患，终身不救"。用高亨的话说，这是一种"圣人临民之术"，唐玄宗的理解应该说超过许多今人。但是，作为御注御疏，难免有所讳，有所转移，有所增益。比如："上德不德"，唐玄宗将其注为"上古淳朴，德用不彰"。完全将上德推到"上古"，绝口不提当今之君上如何"上德不德"。又如老子倡导侯王要"自谓"、"自名"、孤、寡、不榖，即认识到自己的为政对于人民的无德、少德、不善。唐玄宗之注也说它"非尊荣之称"，"当须谦卑，守柔弱"，但这个称谓的含义究竟是什么，只好讳而不言了。这些是"有所讳"的。又如《老子》的"国中有四大，王居其一"，唐玄宗用"人居其一"来代替"王居其一"，并且注曰："王者人灵之主，万物系其兴亡"，不仅是人主，还是"人灵"和万物之主，将政治领域的"国中有四大"，定格为"域中有四大"，其疆域由政治之"国"扩大到政治以外的天上地下的自然界："域"。这些就是站在维护帝王利益立场上的"有所增益"。

这里需要再次弄清楚：《老子》究竟是对谁的进言？应该说《老子》进说的对象是"上"——"圣人""侯王""人主""天下王""社稷主"等为政者。五千言《老子》，"圣人"一词凡二十五见；"侯王""人主"指君上之"上"之类词句凡二十二见；只有圣人、圣君方敢称的"我""吾"，凡二十四见；再就是"为天下""托天下"等"天下"之词，凡六十三见。这三项共计三百一十余字，约占全书百分之六。可见老子的进言对象及进言的内容了。他关心"天下"大事，幻想侯王之治变成圣人之治。《汉书·艺文志》载："道家者流，盖出于史官，历记成败、存亡、祸福古今之道，然后知秉要执本，清虚以自守，卑弱以自持，此君人南面术也……"其中的"克己""能让""谦谦"等，可以说完全是指《老子》之主张。这里班固一点也没有理会《庄子·天下篇》对于老聃学说的概括，因为《庄子》一书根本没有南面术，而班固则是根据入世主术来评介《老子》的，并且它为历史实践所证实。已故张舜徽教授说："自汉以上学者悉知'道德'二字为主术，为君道，是以凡习帝王之术者，则谓之修道德，或谓之习道论。"他甚至说"周秦诸子以帝王术为中心"。"道论二字，可说是道家理论的简称，它的具体内容便是君人南面术"①。这话深刻而精彩。李泽厚先生的说法稍有不同："先秦各派哲学基本上都是社会论的政治哲学。道家老学亦然，《老子》把兵家的军事斗争上升为政治层次的'君人南面术'，以为统治者的侯王'圣人'服务，这便是它的基础含义。"②可见古今学界泰斗认定《老子》是史官总结历史经验教训，向侯王献上的一套"南面术"。对此，唐玄宗也是心领神会的，比如他对不尚贤、愚民、抑智等权谋，注疏得非常精到。但他却将《老子》约束侯王的政治道德，尽力引向约束臣民。比如他将《老子》的"不自见"注为"人能不自见（显示）其德"，将"不自视"注为"人能不自以为是"，将"不自伐"注为"人能不自伐"③，完全将"道德"约束。转移到"人"上。

帛书本证明古本《老子》序言章为今本第三十七章。它说："道恒无名，侯王若能守之，万物将自化，化而欲作，

---

① 张舜徽：《周秦道论发微》，人民出版社，1982，第2、32页。
② 李泽厚：《中国古代思想史论》，人民出版社，1985，第88页。
③ 《道藏》十三卷，第410、411页。

吾将镇之无名之朴，……夫将不辱。"也就是告诫侯王要安守无名、勿求名求辱，但是唐玄宗不取"道恒无名"，而取"道常无为而无不为，侯王若能守……"，这一来侯王不是安守无名了，而是守住像天、像大自然那样的"无为无不为"了。这已是荒唐的拔高。而他对"化而欲作……"的注则是一个大转移："人即从君上之化，以无为清静而复欲动作有为者，吾将以无名之朴而镇静之"。"人君以无名之朴镇静苍生"①。这一来《老子》进言的对象完全被转移到"人"和"苍生"上来了，而弱化了其进言的主要对象："侯王"。可见，唐玄宗是尽其可能地将约束君王的政治道德引向约束士庶。

第三大改造：如果说以上是唐玄宗点点滴滴地将《老子》中的"南面术"注疏成人生哲学，那么开元十一年（723），唐玄宗则彻底地将《老子》改造成了人生哲学。这集中体现在他的《通微道诀》上。

开元十年（722），唐玄宗下诏"《道德经》宜令士庶家藏一本"。五千言《道德经》对于士庶来说，篇幅可能有点长，而且也太难懂，更重要的是其中有许多内容不适宜"士庶"们知道。所以唐玄宗撰写了不足三百字、文字流畅、短小精悍的《通微道诀》（以下简称《道诀》）。它集中体现了唐玄宗是如何将南面术的《道德经》彻底改造成适宜士庶学习的人生哲学的。

①《道藏》十三卷，第51、441、442页。

首先，唐玄宗首创了人与道的关系理论。《道诀》以母子关系为喻进行说明："人者，道之子；道者，人之母。"把道比作母亲，把人比作道的孩子。又说："念身何来，从道而有。"人身虽然是母亲所生，但从根本的意义上讲还是从道而生的，所以，人应该像亲近母亲那样尊重、亲近道，反之，"子不知母，谓之不孝；人不识道，谓之至愚"。他还进一步用鱼水关系来形容人与道的关系。《道诀》中说："鱼在水中，水为鱼命；人在道中，道为人生。道去则人亡，水竭则鱼困。"道成了人的生命要素，有没有道成为人生死存亡的大事。这种结论不见于《老子》，自然属唐玄宗首创。他极力倡导臣民"守道、合道、履道、蕴道、体道"……

其次，唐玄宗提出十条修道之纲。第一，道的教义既不同于佛教，也不同于儒教、道教，《道诀》简括浓缩为"无为之教"。"弃无为之教，别云修善"。"无为"是《老子》的一味重药，专治世袭侯王"有为"。因为侯王"有为"会引发出种种祸患与灾难。在这里，唐玄宗将"无为"一股脑转移到臣民身上去了。第二，修道的关键在于修心，而修心的关键在于静心，静心就是使心空寂下来。《道诀》在最后又再次呼吁"尔当慎汝身，洗尔心"。"吾好静""吾无事"是《老子》针对侯王好折腾，因而扰民、害民、灾民才开出的另一重要方剂，这里唐玄宗又原封未动转送给臣民了。第三，修道应该从人自身去修，即所谓"大道坦坦，去身不远"，"修之于身，其德乃真"。如果离开自身去寻觅道那只能是"背道求道，从迷至迷"。唐玄宗为此大声哀叹："不知即身以求道，而乃徇福以丧真，何其误欤?"《老子》说的是要将善于建立、善于保持的原则修之于身、家、乡、天下，《道诀》说的完全是另一码事。第四，修心必须建立在"去万恶，增万善"的基础之上，"诸恶莫作，众善奉行"。第五，唐玄宗还强调修道一定要勤奋努力，不能懈怠。他把勤奋努力者称为"上士"，而把懈怠者称为"下士"，认为"上士能勤行，下士惟大笑"，他认为所有人都"可为勤行之士"，并在《道诀》中三次呼吁"尔其勖（勉）哉"。《老子》的上、中、下士，指三个等级的"知识分子"，这里转移得文不对题。第六，"不益己，不损物"。第七，对内知足，对外不贪，唐玄宗大力提倡"少私寡欲，夷心注元""常取不足，勿求有余"，认为"物足者，非知足。心足者，乃知足。心若知足，此足则常足矣"。第八，"内保慈俭，外能和同"，将侯王慈、俭变为温饱不足的民众的慈与俭。第九，"善本破恶，不合邀名；施本济人，不合求报"，唐玄宗以最高统治者的身份告诫众生："今将告尔元言之首，施勿求福，而福自至；斋勿贪功……是谓有欲。"这里又将《老子》告诫侯王的"无名""无欲"引向告诫臣民。第十，"柔弱为趋道之津，诚敬乃入真之驭"。意思是说，柔弱为趋向道的渡口，诚敬为进入真的车马。柔弱更多的是从抑制臣民的角度来讲的，而诚敬则更多的是从臣民推崇他人的角度来讲的。《老子》的"贵柔"是指君王，在这里又变为臣民了。第十一，"内养五神，外合一气"。"五神"指五种精神活动，即神、魂、魄、意、志与由此而生的喜、怒、思、忧、恐五志。这已是唐玄宗自己的发挥了。

再次，修道的最终目的是什么？《道诀》表达了两层含义。其一，对修道者个人而言，其最后要达到"长生久视，沐浴元波"的目标。唐玄宗吹嘘自己的《道诀》为"真经之旨毕于是，不死之方尽于是"。所谓"长生久视"就是指长生长寿。其实，按照楚简《老子》的文字，"长生久视"说的是富足人民事奉上天没有比务农更重要了。这样才是"可以有国，有国之母，可以长久"的"长生久视之道"[①]，其原本说的是经济、重农，唐玄宗却把它理解为养生问题了。其二，推行道法是为了形成一种"去万恶，增万善"，尤其是忠和孝的社会风气，从而使统治阶级团结、社会安定，正如《道诀》中所说的"忠者，臣之分；孝者，子之心"。[②]忠孝是当时统治稳固、社会安定、经济发展的基本前提。"臣忠子孝"，这才是唐玄宗最关心的修道目的。这里唐玄宗既用《老子》，也借用了儒教、佛教的全套修道劝善的方法，变《老子》为人生哲学，加之道教也把《老子》引向养生、重生、贵生，《老子》终于变成了一部人生哲学、人生大智慧的著作。

---

① 尹振环：《楚简老子辨析》，中华书局，2001，第272~275页。
② 李利安：《唐玄宗〈通微道诀〉的人生和谐之道》，《和谐世界以道相通》，宗教出版社，2007，第618~623页。

第四大改造：唐玄宗把尊崇老子一步步推到登峰造极的程度。

开元二十五年（737），唐玄宗诏两京及各州置玄元皇帝庙一座，崇玄学。天宝元年（742），把玄元皇帝升入上圣（《旧唐书·礼仪志四》），743年、749年，又在"玄元皇帝"前追加了"大圣祖""大道"的字样。天宝十三年（754），朝献太清宫，再上玄元皇帝尊名曰"大圣祖高上大道金阙玄元天皇大帝"（《旧唐书·玄宗纪下》）。可见贴金之厚、吹捧之高，令人惊叹。实际上唐玄宗是为自己增光添彩。这样一来他就不需要用《老子》来约束自己了，他陶醉于盛世太平，东封泰山，歌颂自己的功德。政治上，他穷兵黩武，好立新功；生活上日益奢侈，"视金帛如粪土，赏赐贵宠无有极限"，忘慈、忘俭、忘记不敢为天下先，自是、自见、自伐、自矜，放纵自己的享乐欲望，沉湎于声色世界，昔日由他革除的弊政，又变本加厉卷土重来。他开始厌恶骨鲠之臣，使奸佞与昏庸当道，谏诤之路断，引发了安史之乱，不得不仓皇逃离长安，到成都避难。不久唐玄宗被迫宣布退位，大唐盛世，一去不复返。唐玄宗死后被谥为"至道大圣大明孝皇帝"。这使人联想到宋徽宗，他生前就自称为"教主道君皇帝"，集人君、天神、教主于一身；还有那些历代帝王被赞为"法道""应道""继道""合道""循道""弘道""体道""隆道"，等等。难道真是"君也者，道之所出也"？（贾谊语）

可见汉文帝以自己十大言行注《老子》，是原汁原味的古《老子》，唐玄宗的四大改造，是改编改造的《老子》，使《老子》模糊变味，由政治哲学变为人生哲学。

三 "以古为尚"只适用古《老子》，不适用于 道教之经典教义

清代考据学"以古为尚。以汉唐难宋明，不以宋明证据难汉唐；据汉可以难魏晋，据先秦两汉可以难东汉。以经证经，可以难一切证据"。[①] 帛书《老子》之古早于西汉，它可以难《道藏》所收一切《老子》版本，显然能难、能否定唐玄宗钦定的《老子》。

但是，"以古为尚"绝对不适用于道教之经典。古《老子》是史官向侯王呈献的"南面术"——统治、领导人民之"术"（道），西汉初它成为官方哲学，主治国经世。到了东汉后期，在桓帝的带动下，《老子》成了追求长生的道术。公元二世纪时，经过张陵、张衡、张鲁三代的活动，老子、《老子》已经被崇奉为道教的教主和圣典。因此凡属道教方面的经典、文献、教义，我们按照宗教政策，不能干预，不能更动，不"以古为尚"，而是率由归章。

但是对于历史文献学的政治道德的《老子》，则必须

---

① 朱维铮校注《梁启超论清史二种》，复旦大学出版社，1985，第39页。

"以古为尚"。主要有：

1. 据楚简、帛书本把颠倒的"道上德下"篇次颠倒过来："德上道下"；

2. 根据帛书《老子》、楚简《老子》以及西汉竹书《老子》等分章点、分章符号，重新审定《老子》分章、分章顺序；

3. 以帛书《老子》为底本，验之其他古本（韩非《解老》《喻老》，西汉竹书、严遵本等），审定文字，恢复《老子》之本义：君人南面术——世界与中国最早的政治道德。

《老子》可能有两种传本：一是道教的《老子》，即传世的通行本、今本《老子》；二是古文献的《老子》，即以帛书《老子》为底本的《老子》。北京大学哲学系曾表明中国人要读《论语》《老子》两本书，显然这里的《老子》指的是古《老子》，而不是唐玄宗改造过的《老子》。

政治文化对于全社会、全民族的影响，远远大于儒、释、道三大文化。它不仅体现在制度文化上，还体现在社会的思想、心态、行为，以及物态文化上。细想一下，"上德不德"与"皇恩浩荡，恩泽四海"是相悖的，但是"上德不德"是《老子》的首篇首句，是否因为它太碍于帝王文化了？这才被唐玄宗颠倒篇次了呢？对生于深宫、长于妇人之手、未尝知忧知惧的世袭侯王，《老子》主张他们要时时"自谓"、"自名"、孤、寡、不穀，即时时称呼和认识自己为"不德的我、少德的我，不善的我"。对绝大多数帝王来说，无德少德于民，应该是铁一般的事实，但帝王能允许它直白地表达出来吗？帛书本的"善者不多，多者不善"[①]，主要指侯王当政者的私欲太重，能力太有限，有能力的又"多欲"，用鲁迅的话说即"历代皇帝基本上没有好东西"。帝王能承认这一点吗？但有一点可以肯定：帝王对战国时《老子》的限制约束王者权力、约束其政治道德的部分，必定有改造、有隐讳、有转移。陕西省发现的不足三百字的唐玄宗的《通微道诀》碑，即充分地说明了这一点。诚然，《老子》给帝王开出的处方，被转化为人生智慧、人生哲学，又何尝不可？但这不能成为改变《老子》初衷的理由，不能由此否定它的"南面术"，尤其是"南面术"正确的部分。所以最值得庆幸的是：帛书《老子》出土了。它是一部尚未被帝王改造过的书，而且道教也还不可能对它进行宗教处理。它对于构建今天的领导学以及新的政治道德，不乏可资借鉴之处。想来这些会引起学人与读者的普遍关注。

刊于香港《弘道》总56期2013年

第三期刊出

[①] 尹振环：《今本〈老子〉五十七个章中的模糊点——帛书〈老子〉今译》，贵州人民出版社，2006，第115~118、212页。

简帛对今本《老子》的颠覆

一 四部无篡改本《老子》

二十世纪七十年代初，长沙马王堆出土的女尸及古文物，真是世界绝无仅有之奇迹。它能保存在地下2000多年，而且基本完好：一是因为它深埋地下12~14米，无盗墓之忧；二是密封极好，无气、无氧、无菌，乃至出土时，女尸的肌肉、内脏、骨节，依然柔软，连肠内未消化的甜瓜子也清晰可见，完全不同于干木乃伊。所以入土之古文物损伤不大，太神奇罕见！文物里有早已失传的《黄帝四经》(《经法》)、《太一生水》等重要文献，更宝贵的是还有帛书《老子》(甲、乙本)，帛书虽有浸蚀，但甲、乙本互补，其内容基本完整。它们分别抄写于战国末与西汉初。这一来，我们不但可以对"黄老之学"有个全面的了解，而且得到了一本距原汁原味的祖本最近的《老子》。当高亨先生对出土不久的帛书本"略加校勘"后，他就断言其"多优于今本"。

1993年10月，湖北荆门市郭店村又出土了楚简《老子》，它只有2000字，而且结构布局完全不同于今本、帛书本。如果说帛书本是天赐正本《老子》，那么楚简本则是天赐雏形本了。它对研究《老子》一书的形成，以及老子其人，启发与作用极大，且对纠正帛书本错讹作用太大！帛书《老子》证明今本《老子》错讹不少，人为篡改严重。而楚简《老子》又进一步证明帛书《老子》也出现不少讹误。楚简本、帛书本不仅有不少惊人之笔，它们还证明了今本有一系列讹误。如果用楚简《老子》纠正帛书《老子》之错讹，岂不可以说：楚简本优于真于今本吗？它成为今本《老子》的第三部"校正器"，校正人为与非人为的讹误。

2009年11月，北京大学历史系收藏了西汉竹书3000余枚。竹简年代在西汉中期，可能是汉武帝时代。竹书中引人注目的首推《老子》，共有220余枚，近5300字，这是继帛书本、楚简本《老子》之后的又一部《老子》古本，也是迄今为止保存最完整的汉代古本，"其残缺部分仅占全书篇幅的百分之一，几乎堪称完整"。

"在竹书《老子》中，首次发现了《老子上经》和《老子下经》的篇题，这分别对应的是《德经》和《道经》，而且每章前均有分章符号，文字内容和篇章结构也与以往所见各种版本不同，可以说是目前探讨《老子》分章问题最原始、最齐全的资料，对《老子》一书的整理校勘极有帮助。"

可见，西汉竹书《老子》是今本《老子》又一部"校正器"。

二 今本《老子》产生错讹的客观原因

所谓"今本"，主要指流行一两千年的汉晋唐宋的河上公、王弼、傅奕、范应元的八十一章本。这四个主要传本，受客观历史条件的限制，必然产生某些讹误。

一是战国时期文字不统一，传抄《老子》不外乎口耳相传，口传手抄，出错难免。

二是当时通用字少，大量使用假借字，如"青"，可以是本字，但也可以假借为情、精、清、请、睛……，传抄时必然会出现许多错。

三是口传《老子》，因语音不一，学力不一，极易出错。

四是秦汉统一文字，也要统一《老子》文字，即变六国文字为秦篆、汉隶书。文字与字体的转换也必然出错。

五是刘向为《老子》定篇分章，校雠文字，所据本因受客观条件限制，仅有四种传本。何其少呵！

六是《老子》传本逐渐增多，抄写者据多种传本的传抄，因理解力不同，难免不妄改个别字。

七是《老子》成书时主要用竹简，年代久远，错误难免。也许个别传本是篇次颠倒的、章序错乱的，断句不免有错。

八是《老子》成书时，尚无明确的篇、章、节概念，更没有标点符号，因而分章错误造成的误解难以避免。

九是字书尚属初创阶段。秦始皇统一天下，"书同文"。李斯等作的字书《仓颉》篇，凡五十五章，共三千三百字，还包括重复的字。现在《汉语大辞典》，共收 56000 余字，还有其他注音、词、注释等 2000 余万字，可以想见当时的条件太差，出现差错在所难免。

十是道教兴起，尊奉老子为教主，为适应宗教的需要，个别文字做了相应的改动，如"王大"改为"生大"，后再改为"人大"。

可见，客观历史条件决定了今本《老子》必然产生一些错讹，有的差之一字，失之千里。比如今本、帛书本之"治人事天莫若啬"——被诠释为"治理天下莫若吝啬精神"，"治人事天"其事甚大，居然要"吝啬精神"，并且还要"莫若"，可谓莫名其妙。而楚简本此句是"给人事天莫若穑"——富足人民，事奉上天，没有比务农更重要的了。这样一来文通理顺，如此重要的文字、文句章节，必须要用楚简本来取代。但总的来说因历史条件产生的错讹，对《老子》大局损伤不大。但唐玄宗颠覆性的改造，那是伤筋动骨的，几乎无不是牵动《老子》的核心思想。

帛书、楚简《老子》古本先后出土，虽然它们都是传抄本，但是最古本，没有被有意篡改的古本。它具有无可置辩的优越性，一是统治者尚未来得及对《老子》进行改造，二是道教还不可能对《老子》进行宗教处理。这种得天独厚，古人无缘可见的出土文献，正可以让我们重新审视校正《老子》。同时我们还可以利用大量的字书：如《战国文字编》《楚文字汇编》《包山楚简文字编》《郭店楚简文字编》《马王堆汉墓简帛文字全编》《银雀山汉简文字编》等，以及简帛的大量研究成果，深入研究帛书《老子》、西汉竹书《老子》，全面校订帛书本、楚简本和西汉竹书《老子》，同时考证今本《老子》，纠正人为的错讹。

美国艺文及科学院院士何炳棣先生对市场上的今本《老子》评说：迟早都会被"弃之如敝屣"！

三　必须重新评价唐玄宗对《老子》的修改

笔者曾有本专著：《今本〈老子〉第五十七个章中的模糊点——帛书〈老子〉今译》。此书逐章分析了共八十一章的今本《老子》，其中含有错讹的章，竟占百分之七十。这些错讹是由客观历史条件造成的，还是人为制造的呢？笔者原认为可能是前者，后来经过推敲、对比，发现《孙子兵法》《论语》《管子》和《韩非子》等没有伤筋动骨的讹误，而《老子》偏偏出现整个结构布局的颠倒与章秩的错乱。笔者渐渐地认为：这可能是人为制造出来的，是唐玄宗有意对《老子》进行的改造。

《孙子兵法》《论语》《管子》，这些著作与帝王的利益并无矛盾，而且有利于帝王统治，甚至成为帝王的必读经典。所以绝不会有被篡改的厄运。历史客观原因所造成的文字讹误，无不被后人逐渐更正。而《老子》则不同，它有许多论点，原来是规谏侯王、规谏帝王的，不少为帝王诟病，细读帛书《老子》，会发现德篇有九个章、道篇有两个章，是帝王不愿意听而文人又不敢挑明文义的章。这十一个章都被唐玄宗彻底"改造"与模糊了。

第一，下诏颠倒"德"为上、"道"为下的篇次。

帛书《老子》、西汉竹书《老子》，十分明确地标明上篇"德经"，下篇"道经"。而唐玄宗下召（《分道德经为上下经诏》），将《老子》分上下两篇："道经为上经，德经为下经"（《全唐文》卷三十一）。这是为什么呢？秦汉之后，"皇恩浩荡""君上圣明"，是帝王随时都在听的谀辞，但是古《老子》，不仅帛本、西汉竹书本，韩非《解老》《喻老》所据本，以及严遵、王弼本等开篇第一句也都是"上德不德，是以有德"，即君上有德而不敢以德自居、自利、自傲，在当时的政治大环境下，这岂不是在大唱反调？而改成"道"为上、"德"为下的篇次后，《老子》的开场白不再是"上德不德"，而是"道可道，非常道"了。这看似小题大做，实乃一举两得的权谋：一则德篇的九个帝王不喜欢听的章，都放到后面，《老子》说教的重头部分被模糊了；二则颠倒了《老子》之章秩、文理、思路，以及《老子》的序言章，从而使《老子》成为统治者教化臣民的著作。

第二，模糊帝王求名取辱的序言。

为什么要做结构性的颠覆呢？帛书《老子》的序言章是劝导侯王，安守无名，切勿求名取辱。颠倒篇次后，序言章成了中间章，加上篡改了文字，序言不见了。比如帛书《老子》的结尾章是总结章，又是绝妙后序："母在无名"（《庄子》《史记》等都是序言放在书后的）。其文与译意如下：

道恒无名，	道永远是不追求名誉的，
侯王若能守之，	侯王如果能像道那样安守无名，
万物将自化。	万物将会自然归化。
化而欲作，	万物归化之后如贪欲又再度发作，
吾将镇之以无名之朴。	我就用无名去制服它，使它再回到质朴上来。
镇之以无名之朴，	用无名去制服贪欲，使它

回到质朴上来，

夫将不辱。　　　那就不会遭到困辱。

不辱以静，　　　不遭困辱就可以宁静，

天地将自正。　　天地自然就会太平安定。

　　此章帛书本之文与今本、楚简本均有较大出入。它是帝王文化的大忌讳。大凡有作为之帝，无不好名、争名、保名，为保名而无所不用其极，因而祸国殃民。因此，此章被篡改得最彻底。王弼曾用两句话概括《老子》："本在无为，母在无名。""无名"之母，方可生出"无为"之本来。为什么？侯王、为政者的"有为"，固然也有顺应自然，以百姓之心为心的"有为"，但更多的是从个人功名欲望出发的，种种弊病、灾害由此而生。只有安于无名，才能"辅万物之自然而弗敢为"。《老子》的此章，正是用"无名"来总结《老子》中心思想的。这在今本《老子》能看到吗？绝对看不到。

　　第三，更改与模糊不利于加强皇权的文字。

　　《老子》一再倡导侯（帝）王要自识（自名）、自称（自谓）自己为无德之人（孤）、少德之人（寡）、不善之人（不穀），可帝王无时不被臣民称为"圣上""万岁""奉天承运"，哪能让帝王自称自己是无德之人、少德之人、不善之人呢？《老子》的"善者不多，多者不善"，是指君上、为政者的道德与决策达于善的太少。借用鲁迅的话说：“历代皇帝基本没有好东西。”然而集中在《老子》之德篇前面九个章中对统治者的劝诫注定会被帝王隐瞒、模糊、篡改、调整。唐玄宗颠倒篇次，将这九个章都放到了后面。

第四，调整章次，模糊对统治者的规谏。

帛书《老子》甲乙本都有一句，“炊者不立”。炊即吹的假借字。吹嘘的人是站不住的。“吹”的表现是那些呢？是自以为是（“自是”），自我标榜（“自见”），自高自大（“自伐”），其结果是“不彰”“不明”“无功”，这是对吹嘘者的反面说教（今本《老子》第二十四章）。接着是“不自视故彰，不自见故明，不自伐故有功……”？如果君王能不自以为是，耳聪目明，不自我标榜，才能提高威望；不自高自大，才能成功。这是进行正面教育，一反一正，前后呼应。但是今本《老子》颠倒章次，还将第二十二章与第二十四章内容割裂开来，在中间夹杂了与上述文义无关的第二十三章。这些章节原本说了三个问题：一是稀言自然，二是暴风骤雨不能久，三是同道同德同志同友的问题。今本却将“炊者不立”，改为“企者不立，跨者不行”，可谓驴唇不对马嘴。显然帛书《老子》排列的章次是合理的，文字是正确的，被唐玄宗调整更改后，哪里还能看出老子告诫君王的良苦用心呢？

第五，将不利于大一统的章排到后面。

“小国寡民”的主张，以及“使民复结绳而用”的复古主张，显然与唐玄宗的雄心壮志是极不相宜的，唐玄宗也绝不会采纳这个主张。修改文字与删除此章都不好，于是唐玄宗把它排到今本的第八十章，成了今本倒数第二章。同样"善者不多，多者不善"文字，也是不可以被接受的，于是被更改文字，改为"善言（者）不辩，辩言（者）不善"。也许唐玄宗认为这样修改还不够，于是干脆再把它调到今本《老子》的结尾章——第八十一章。

第六，把帝王的政治道德，改造为人生哲学。

《老子》倡导侯王"善下"、"不争"、"好静"、"身后"和"无名"（绝不争名），也是唐玄宗不爱听的，从他沉溺声色，大兴土木，引发安史之乱可见一斑。天宝十三年（754），唐玄宗朝献太清宫，再为玄元皇帝（即老子）上尊号为"大圣祖高上大道金阙玄元天皇大帝"，吹捧之高，令人惊叹。唐玄宗想将约束侯王政治道德的《老子》，引向一种约束人民的哲学，于是他将《老子》缩写为两百多字的人生哲学——《道微通诀》，颁发全国每一户。

经过对这些方面的改编，《老子》一书变形了，变味了。而唐玄宗又用"圣旨"命令天下一律奉行，所有收入《道藏》的《老子》，一律改为道上德下的顺序，使得《老子》首尾异置，内容颠倒，不明不白一两千年。

自然，文人也有一定责任，部分文人为了保官保命，不得不慎之又慎，"顾左右而言他"，顺应帝王将规谏侯王的《老子》，变成规劝世人养生的、炼养的哲学或虚无为宗的玄学,《老子》的政治哲学被一再淡化。

帝王干预思想文化的发展方向,还有许许多多案例。秦始皇的焚书坑儒开其端。朱元璋读《孟子》,十分气愤"民贵君轻,社稷次之"等文字,下令删改,撤去孔庙中孟子亚圣的牌位。唐玄宗对《老子》的改造,也是势所必然,不足为怪。

四　帛本《老子》的七真七优

从 1976 年起,笔者就乐此不疲,三十多年来在不同的报刊发表了长短不一的相关论文近 200 篇,出版了有关帛书《老子》六本专著:《帛书老子释析》、《帛书老子与老子术》、《今本〈老子〉五十七个章的模糊点帛书〈老子〉今译》(以上是贵州人民出版社出版),《楚简老子辨析》(中华书局出版)、《帛书老子再疏义》、《重识老子与〈老子〉》(商务印书馆出版),被收入"国家社会科学基金成果文库"。上述论文与专著逐一考证了帛本《老子》的每一个字,同时考证了帛书本与今本的篇名、分篇、分章、章秩,使《老子》内容变得清晰了,比今本《老子》更条理分明了。它们证明了帛书本在七个方面真于、优于诸今本《老子》。

1.无帝王之篡改、影响

已如前述。

2.篇名真，优于诸今本《老子》

《史记》只是说"老子修道德，著书上下篇"，所以用"道德"二字命名《老子》这部书，并不走调；但用"道经""德经"来命名上下篇，则大大离谱了。果然，西汉竹书《老子》，明确标为《老子上经》《老子下经》，分别对应的是德与道，与帛书《老子》只标"德""道"二字同。因为上篇下篇都是通论道德的，并非哪一篇专门论道或专门论德。用古人的话说则是："道德混说"，"道中有德，德中有道"，"夫道德连体，不可偏举"。如上篇"德"、下篇"道"各有十八个章谈到道，为什么偏偏要将哪一个篇专门定为论道篇或论德篇呢？《论语》的《学而》篇是取首句"子曰：学而时习之"中的"学而"二字，并非通篇论"学而"。同样，帛书《老子》乙本末篇所标"德""道"二字，不过是取首句中的一个字罢了，并非实指。而帛书《老子》甲本连这样的标题都没有，后来才在"德""道"二字基础上加上了"经"字，成了篇名，使后人对此产生了不少误解。

3.篇次真，更优于诸今本《老子》

帛书《老子》甲、乙本不是互抄本，而是抄写于秦末、西汉初的两个不同的朝代的传本。这两个传本与西汉竹书《老子》都是德上道下，这才使人们清楚地意识到韩非的《解老》《喻老》所据本以及严遵本、王弼本，也都是"德"上"道"下的。篇次颠倒，就像一幅画被颠倒那样难以理解。

4.章次没有错乱，章次真，今本《老子》有十个章次错乱

篇次颠倒，自然章次也就跟着错乱，有十几个章是出于人为的调整而排错的，这自然要损伤、破坏文义。帛书《老子》刚一出土，整理组就认定，帛书《老子》章次排列是合理的，乃古之原型。西汉竹书《老子》分章点更多，它会使章次更正确。

5.楚简、帛书《老子》分章真，今本《老子》四分之一的章分章错误

帛书《老子》的分章点证明今本《老子》四分之三的分章是正确的；四分之一的分章是错误的，不符古貌。而楚简《老子》证明帛书《老子》也已出现分章的错误，同时楚简《老子》、西汉竹书《老子》分章点多于帛本，它完全可以审定帛书本之分章。总的来看，《老子》绝非目前的八十一章，乃在百章以上。两个章或多章并为一章，一个章分作两个或多个章，导致其含义不同，甚至大相径庭。今本《老子》的许多章之分章是两个或多个章合并而成的，它模糊或掩盖了《老子》的某些重要思想。

6.文字谬误大大少于今本《老子》

粗读帛书《老子》，似乎与今本《老子》出入不大。其实差别不小。不算那些文句有异但文义相同的文句，单含义相差的文句竟有百余句。五千言《老子》，不过千余句，今本《老子》与帛书《老子》竟有一百多句差异！而且楚

简《老子》证明了帛书《老子》也出现不少讹误。有的只差一字，但文义全非；有的或衍或脱或增一字，意思尽失；有的则是整句或数句之误。其中既有后人明显的篡改，也有许多是假借字的辨认问题。这自然影响人们对《老子》的许多论断，乃至重要思想的理解。古人早就认识到"书三写，鱼成鲁，帝成虎"的情形。而帛书与楚简、西汉竹书《老子》改变了"益繁"的程度，也大大缩小了"难溯"的距离，成为"溯源"的一个新起点。

7.综合帛书、西汉竹书、今、楚简本之长，探究出一个最古最真之本子

经过历代的校勘、注释与文饰，今本《老子》文字流畅、规范，不少胜于帛书《老子》，可以吸收今本《老子》之长。同时楚简《老子》证明帛书、今本四个章文字有惊人之讹误，自当用楚简本之文字代之，而西汉竹书《老子》残缺极少，分章点多，也可以进一步校正帛书《老子》。但总的来说，依照清代考据学"以古为尚"（梁启超语）的观点，还是应以帛书《老子》为底本，那么，帛书《老子》岂不就能成为最古、最真，胜过今本的《老子》的吗？

这样一来，西汉时所谓的"君人南面术"就清晰了。《老子》的政治道德就被还原了！

刊于香港《弘道》总 50 期 2012 年第 1 期

关于楚简、帛书、西汉竹书、今本
《老子》的分章

绪　论

今本《老子》的主要传本，多分为八十一章，此外，还有个别七十二章、五十九章、六十八章的本子，以及"不分章"本，"不记章数，然每章皆空一格"（见《道藏》）。对于这些分章，一直以来许多学者就认为其"多有错谬"。而胡适则断言：《老子》所分篇章，绝非原本所有"①。果然帛书、楚简本证明有的章确实不是"原本所有"。楚简、帛书本的分章点一是证明今本《老子》多数分章是正确的；二是证明今本约有四分之一的章分章有误，它们或是由两个章组成的，或是由多个章合并而成的；三是个别的不该分两章而分成了两章。

---

① 胡适：《中国哲学史大纲》，上海古籍出版社，1997，第35页。

　　西汉竹书《老子》的分章是最统一的，也是保存最完整的，共分七十七章，每章章首皆标明黑点分章符号，章首章尾都没有残缺。它为审定分章提供了大量的新证据。粗看分章对不对，似乎关系不大，其实不然。楚简、帛书本证明分章不当为害不浅。

　　第一，导致妄增妄改。起初加些"是以""故"等承转上下文，后来则为协调前后文义，妄增妄改妄删个别字，一字之差，则文义大变。

　　第二，掩盖一些重要论断。极为精练的孔、老之著，往往一字千金，一句、两句为一章不在少数。一锅煮必然淡化了《老子》许多精辟深刻的论断。

　　第三，错误的分章必然造成诠释远离《老子》的本意。

　　正因为如此，高亨先生于二十世纪三十年代，就具体指出许多章的分章不对，帛书《老子》出土后，他又曾着手恢复《老子》分章，但似乎只做了一半，也许因年事已高、资料不足，分章之事不了了之。笔者从1976年也开始着手此事，写了数十篇论文呼吁修订当前的分章，也曾受到中外著名学者的赞许、关注，但终因人微言轻，平台太低，加之资料、证据尚单薄，而且有些论述不尽恰当，并未使人信服。庆幸的是：楚简与西汉竹书《老子》出土了，它们的分章符号倍于帛书本。这里应当特别声明：今本《老子》八十一章的分章，已经约定俗成上千多年。帛书《老子》大多没有分章，而且问世也不过四十多年。我们可在它现有的分章点的基础上，根据楚简、西汉竹书、今本的分章，及其他先秦文献，将考订、完善帛书《老子》分章的事做完、做好，做到完全令人信服的程度。我们何乐而不为呢？

任何事情都有一个萌芽、形成、发展、演变、完善的过程。文字如此，断句、分节、分章自不能除外。从大量出土的简帛文献来看，并非都整然一体，不分章节的。有的如《黄老帛书·称》《郭店楚墓竹简·缁衣》分章点基本齐备，后者还标出"二十三"个分章点，尽管没写出"章"字；也有的文献一个分章符号与断句点也没有，整然一体，更多的文献，则是间或有一些分章、断句符号。这说明人们并不是一下子就弄清如何断句、分节、分章、分篇的，最初并无清晰的篇章节句的概念。从出土文献各种分章断句符号来看，可谓五花八门，毫无统一。首先，这些分章断句符号，或圆点，或小点，或墨钉，或一小横，或正钩，或反钩，或弯形，或空格，或另起行……其次，分章符号标明的地方也不统一，或标于章前（如帛书本、西汉竹书本），或标于章后（如楚简本）。再次，同样一种符号，既可用作分章，又可用作断句、分节。最后，还有一些重文、合文符号，混于其他各种符号之中。至于分篇有的是用简的长短、形状来表示，等等，不一而足。

但是西汉竹书《老子》，基本上克服了这种不统一。其每章分章点置于简首，此外没有其他分章符号，章尾没有写完的则留白。章首、章尾没有残缺，整个分章一目了然，对于审定帛书分章，极有好处。下面我们先重点看看楚简、帛书《老子》的分章符号。

帛书《老子》乙本没有任何分章符号，连断句点也难见。

帛书《老子》甲本则保留十九个比较正规的分章圆点："●"，另外还有九十五个小钩点，它们都点在句末之旁，其中有八十二个明显是断句点，另外十三个看似是不正规的分章点。

楚简《老子》的字数只及帛书本十分之四，但分章符号却共有二十八个①。其中以墨钉"■"分章符号为主，还有三种其他分章符号，这样一来，可以说简本分章符号大致齐备，个别缺的还可以用帛书本分章符号来补足。问题在于有的地方墨钉与断句符号一模一样，既可以认作分章符号，也可以认作断句符号，需要辨别。如果我们参照今本、西汉竹书《老子》，审读文义，这个问题是不难解决的。

总之，楚简、帛书、西汉竹书的分章符号，大都能触类旁通，举一反三。如果以西汉竹书、今本《老子》分章为基础，以楚简、帛书本分章点为检校器；不死认分章符号只有一种；参照其他简帛文献与先秦典籍之分章；审以

---

① 郭店楚墓竹简《老子》之《释文》只标出十二个分章点，除弯钩、空行、空格等不标外，其他也有该标的分章点未标的。这似乎是因为太过慎重，或是疏漏了。如"丙"篇，一眼即可看到四个分章点，而在释文中一个也没有标出。

文义；楚简、帛书、今本的分章可以互相补充，那么我们用这些办法，完全可以考订与完善帛书《老子》的分章。

一　帛书《老子》证明今本《老子》大部分分章正确

帛书《老子》现存的十九个分章点，就有十二个可以证明今本《老子》的分章是正确的，它们处在今本《老子》以下各章的头一句前面：

第四十六章："●天下有道，……"

第五十一章："●道生之而德畜之，……"

第五十三章："●使我介然有知，……"

第五十七章："●以正治邦，……"

第六十三章："●为无为，事无事，……"

第六十四章："●其安也易持，……"

第八十章："●小邦寡民，……"

第六十九章："●用兵有言曰，……"

第七十三章："●人之饥也，……"

第七十五章："●勇于敢则杀，……"

第七十六章："●人之生也，……"

第一章："●道可道也，……"

或者说，这些分章点都在今本《老子》的两个章之间，这并非偶然。为何这些点不前不后，而恰恰处于两章之间呢？为何没有一个是错点了的呢？这不仅证明帛书《老子》分章点是正确的，更重要的是它说明今本《老子》的分章是有依据的。

二　楚简《老子》也证明今本《老子》大部分分章正确

同样，楚简《老子》也有许多分章点、分章符号，证明今本《老子》分章正确。但它的分章点一般是标于每章之末的，也有的章前恰好标有前章之分章点。它们处于今本《老子》的下列各章：

第十九章：（简头）"绝智弃辩，……少私须欲。"■

第三十章：（简头）"以道佐人主，……其事好。"■

第三十七章：■"道恒无为也，……万物将自定。"■

第二十五章：（简头）"有物混成，……道法自然。"■

第五章："……虚而不出，动而愈出。"■

第十六章：（简头）"致虚极，……各复归其根。"■

第五十六章："智之者弗言，……故为天下贵。"■

第五十七章："以正之邦，……而民自朴。"∫

第五十五章："含德之厚者，……是谓不道。"■

第四十四章：■"名与身孰亲，……可以长久。"■

第四十章：■"反者道之动，……生于无。"■

第九章："持而盈之，……功成身退。"∫

第五十九章：（简头）"给人事天莫若啬，……长生久视之道。"■

第十三章："宠辱若惊……"全章之后：■

以上这些章前面没有分章点的，有的是因为此章的首句处于竹简之头；有的不在章头，但上章有分章点。此外还有六个章尽管它们章尾没有分章符号，但其章的首句处于竹简之顶端（"甲"之25简、"乙"之9简、13简、"丙"之4简、6简、11简），它岂不等于帛书《老子》章前之分章点？

总之，如果说帛书与楚简本《老子》分章点都证明今本《老子》分章大部分是有所据的，是无可置疑的，那么把今本《老子》八十一章的分章都变成分章点，岂不等于恢复了大部分帛书《老子》的分章点了吗？

三 帛书本证明今本一些章是由两章合并而成的

西汉竹书本第九章（今本第四十六章），帛书本之文与帛书、西汉竹书本之分章点如下（括号中 ■ 为西汉竹书本号）：

> ●天下有道，却走马以粪。天下无道，戎马生于郊。●罪莫大于可欲，祸莫大于不知足，
>
> 咎莫惨于欲得。故知足之足，恒足矣。（■）

此章不过几句话，而帛书《老子》的头两句的前后就明明标着两个分章点。它说明《老子》前面两句是独立成章的。恰好，楚简本也有此章，不过只有后面两句，且在"恒足矣"句后有一墨钉：■，显然是分章符号。这不仅证明前两句乃独立章，还确证其分章正确，确证第四十六章为两个章合成的。这种合成并不高明：冲淡了战祸惨烈，殃及牛马的文义。同时后人将战争与不知足、纵欲等联成一章，似乎战争完全是由贪得无厌引起的。其实，不知足何止表现在战争上呢？再说，自卫性质的战争，解民倒悬的战争，还不能归咎于不知足。不知足表现在各个方面。这说明帛书《老子》前两句独立成章是正确的，《老子》的本意是这样的。

但是到了西汉竹书《老子》，此两章已被"一锅煮"了。

再如最典型的今本之第七十二章（楚简本无此章）：

> 民之不畏威，则大威将至矣！●毋闸其所居，毋厌其所生。夫唯弗厌，是以不厌，是以圣人自知而不自见也，自爱而不自贵也。故去彼取此。

帛书《老子》标明从"毋闸其所居……故去彼取此。"为一章。前一句虽无前面的分章点，但它不可能列入前一章。显然，前一句即是一个独立章。这样一来，大大加深了《老子》的深刻性，醒人耳目。河上公注曰："威，害也。人不畏小害，则大害至。"严遵本之注曰："民不畏威，轻禁易入，身陷于司，大命绝天。"当人民藐视统治阶级的权威时，统治阶级必定报以强有力的镇压。这也是历史反反复复证明了的事实。分开解析此章，岂不更好？

这些说明帛书《老子》的分章点是正确的，而且说明今本《老子》的一些章是由原来的两个或多个章合并而成的。

四 楚简本也证明今本一些章为两章合成

帛书本虽有分章点，但缺蚀太多，而且就《老子》而言，似乎是孤证。有了楚简本不仅可以证实帛书《老子》

分章的正确性，还可以大大补充帛书本的不足。〔 〕中的圆点及〖 〗中的小横方点，分别为帛书、楚简本之文字与分章点（相当于今本的第五十二章）：

〔●天下有始，以为天下母。既得其母，以知其子，既知其子，复守其母没身不殆●〕

〖塞其兑，闭其门，终身不危。启其兑，赛其事，终身不救■〗

〔见小曰明，守柔曰强，用其光复归其明，毋遗身殃，是谓袭常●〕

帛书本分章点说明今本第五十二章，不是一个章。楚简本的分章点也证实了这一点，同时还证明了帛书本加写了前面一个章，并且对后面的章又加以扩充。这确证今本第五十二章是由两个章组成的。

分开与合三而一使人对文字的理解会不同，可惜西汉竹书《老子》就已经这样合并了（见西汉竹书《老子》第十三章）。这也许是今本第五十二章之来源吧？

五 帛书、楚简本证明：今本许多章由多个章组成

如今本第六十三章、第六十四两章，就是由各不相属

的几组论断组成的。如第六十四章：

●其安易持，其未兆易谋，其脆易判，其微易散。为之于未有，治之于未乱。

〔●〕合抱之木，生于毫末；九层之台，起于累土；千里之行，始于足下。

〔●〕为之者败之，执之者失之。圣人无为也，故无败也；无执也，故无失。

〔●〕民之从事也，恒于其成而败之。故曰：慎终若始，则无败事矣。

〔●〕圣人欲不欲，而不贵难得之货；学不学，复众人之所过。能辅万物之自然而弗敢为。

显然这是由五个章组成的一个章。没有方括弧的黑圆点为帛书《老子》原有的点，而方括弧内的黑圆点，是作为考订、复原的分章点。这样分开，岂不更好吗？

果然，楚简本证明了第六十三章、第六十四章完全是多章组合而成的。其证据有五：第一，第六十四章分别处于两个章，这就证明它不是一个章，而且它有三个分章点，这也证明不是一个章；第二，今本的第六十三章，楚简本有分章点，证明其原来并非一个章；第三，帛书、今本都有增文，增加"图难于易，为大于细"的论点，这当是另外一章；第四，少了"是以"承转文字，这些都说明今本第六十三章、

第六十四章为多章合并之章，分开之后，文义更清楚；第五，今本第四十五章，在楚简本，虽只有十句，竟有六个分章点，起码是分为两个章的，也可以分为六个章，可证第六十三章、第六十四章是由多个章组成的。分为多章，既无损文义，还使文义更清晰，何乐而不为？

但是西汉竹书《老子》证明今本第六十三章、第六十四两章，乃是它的第二十六章和第二十七章两个章，所以今本之分章也许是由此而来的。如果按"以古为尚"的规则，即以帛书、楚简本为准的话，这两章的内容还是应该分开，这样文义会更清楚。

六　楚简本证明帛书本扩充的文句多为独立之章

上面已有这方面的事例，但还不充分，下面再举两例。

其一，相当今本第四十八章的全章内容如下:〖　〗号内为楚简本文句;〔　〕号内为帛书本文字。

〖学者日益，为道者日损。损之又损，以至于亡（无）为也（《郭店楚墓竹简》第 7 页，图版第 3 简 ），亡（无）为则亡（无）不为▂绝学无忧〗（《郭店楚墓竹简》第 7 页，图版第 4 简 ）。〔将欲取天下也，恒无事，及其有事也，又不足以取天下矣。〕

将"绝学无优"句除外，其余内容就是今本《老子》

第四十八章的全文。中间分章点无疑说明前半部分为一个章。"绝学无忧"句虽与前文有联系，但已被分章点隔开，因此其当为独立之章。后段方括号内的文字，系帛书本文字，是谈"取天下"这样的大事，显然是战国时代的帛书本才能提出的"大事"，这是帛书、今本后来扩充的文句，显然它是另外一个章。因此今本第四十八章不但是由两章组成的，而且"绝学无忧"是独立的一句一章。不过这里还是要对"绝学无忧"略做分析才好。在河上公、王弼、傅奕本（以下简称河、王、傅本）中，此句是今本第二十章之首句，下面紧接着"唯之与诃，相去几何"，显然文义不相属。因此，高亨将此句列入第十九章之末，紧接"见素抱朴，少私而寡欲"句后。看起来，这比列入第二十章要合理，但细加琢磨，也是不妥。"见素抱朴，少私而寡欲"（帛书本多"而"字），是对侯王、圣者的劝导。而"绝学无忧"则是对当时盛行的私学而言，私学倡仁导义，推圣崇智，弄得仁义真假不分，天下不宁，人民难治，因此，此等私学要绝而后已。如果将其列入第十九章，那么就成了让侯王、圣者要"绝学"，国君、统治阶层也要绝学。何以为君？何以治国？何以"知天下""知天道"？《老子》五千言，是为君人者之学而写的。因此，针对"私学"而言的"绝学无忧"既不能列入第十九章，也不能列入第二十章，而只能是独立之章。这样，老子的一个重要思想即可重见天日。

　　其二，今本《老子》第二十章，以"绝学无忧"句为首句,紧接着是"唯之与诃,相去几何?善之与恶,相去若何?人之所畏,亦不可不畏",楚简本同今本、帛书本,但在畏字后有分章符号:"■"。说明此章结束。帛书、今本认为意犹未尽,加了句多么不可捉摸之感叹句:"恍呵!其未央哉!"紧接下去就是"众人熙熙,若飨于大牢……"等句,与上文毫无关系。这些除了说明"绝学无忧"为独立之章外,还说明余下的部分必为两章。楚简本的分章点已说明了这一点,因此今本第二十章是由三个章组成的,岂不无可置疑?

其三,"绝学无忧"句,在西汉竹书《老子》中属第六十一章之首句,与第六十章之"少私寡欲"不相连,也证明"绝学无忧"乃独立之章,一句一章。

七　楚简本证明一些章为另一种形式的多章合成

"绝学无忧"为独立之章,说明了楚简本存在一句话为一章的情况。另外相当今本第四十五章的楚简本释文与分章符号如下,

■大成若缺,其用不蔽█大盈若盅,其用不穷█大巧若拙■大成若诎,大直若屈■噪胜苍,青胜燃,清靖为天下定(《郭店楚墓竹简》第8页,图版14简、15简)。

"噪胜苍……清靖为天下定"为一章，这是很清楚的，因为它与前文、后文（善建者不拔）都不搭边，这又证明今本许多章是由两章或多章合成的。问题是前面的三个墨钉与两个小横块。楚简本释文只认定了"大成"前，"若屈"后这两个分章点。自然是将中间两个认作断句符号了。当然，这种看法有道理，因为楚简本分章点与断句点往往混用。但它是否有可能是分章符号呢？五个点分成五个章，每章论断独立，思想完整，相互关系并不直接，也文顺理通。所以楚简本以上五个点，也完全有可能是五个分章符号。但将"大直若屈"之前视为一章，不伤文义，也未尝不可。何况这也早已约定俗成。不过它充分说明，今本那些不同类文句硬塞在一个章里的章，必是多章合成的。一句两句一章的，倒是正常的。

八　楚简、帛书本与先秦文献证明许多章只是一两句话

前面已经说明"绝学无忧"四字一句一章当为楚简《老子》的原型。同样马王堆汉墓出土的其他文献，如《黄老帛书》有两句话一个章，也有一句话一个章的。至于《论语》、《孟子》和《中庸》等也有两句话、一句话，只要是完整的思

想就是一个章的。这里无法一一列举，仅举以下几例：

"吾未见好德如好色者也。"

"雍也可使南面。"

"性相近，习相远。"

"唯上智下愚不移。"

这四句在《论语》的《子罕》《雍也》《阳货》篇中，它们就是独立成章的。

"人之患在好为人师。"

"有不虞之誉，有求全之毁。"

这是《孟子·离娄上》的第二十一章和第二十二章。

帛书《老子》是否也有一句话一章的呢？有。而且不止一两章。比如："正言若反""稀言自然""治大国若烹小鲜"等，都应该是独立成章的。它们思想完整，与上下文无直接联系，独立成章后，文义大明。下面以"治大国若烹小鲜"为例：这是今本《老子》第六十章的首句，即治国忌折腾。它思想完整，极为深刻。而它紧接着的"以道莅天下，其鬼不神……"风马牛不相及。原本必为独立之章，毋庸置疑。

总之，古本《老子》还有一句话、两句话一章的。

九　楚简本还有意想不到的分章点

相当于今本第三十二章的部分，楚简本释文与分章符号如下：

道恒亡名，仆唯妻（栖），天地弗敢臣，侯王若能守之，万物将自宾，■天地相合也，以逾甘露，民莫之令而自均安。始折有名，名亦既有，夫亦将知止，知止所以不殆，譬道之在天下也，犹小谷之于江海■（《郭店楚墓竹简》第4页，图版18简、19简、20简）

这两个分章点非常明显，且前后两点之间还留下几个字的空格，这个章在帛书，没有任何分为两章的痕迹。这里居然清清楚楚地分成两章。何故？细审文义，分两章能加强侯王安守无名的说教。后面之章虽然是前章的展开与深入，但体会文义，的确又是有区别的。侯王安守无名与不安守无名，与"天地相合，以逾甘露"关系不大。因为那不争名、不求名的侯王，也可能天公不作美，不降甘露而降灾于民；那些争名、好胜的无道侯王，也可能碰上风调雨顺甘露遍地五谷丰登的好年节，那时无道的侯王也会"始折有名"（"折"，非帛书、今本之"制",也非西汉竹书本之"正")——由人民不赞誉到人民赞誉,感谢身居深宫、玉食美衣的侯王,这时不论什么样的侯王都不要头脑发热,要"知止"。可见分为两章是有道理的,使意义深刻,祖本当是两章。它能加深人们的理解,又能补充、纠正帛书、今本造成的误解,这对凸现《老子》的无名思想非常重要。

十 楚简本还证明今本有两个章应合为一章的

今本《老子》第十七章和第十八章,在楚简《老子》竟是一个章。为什么?今本第十七章:"太上下知有之,其次亲誉之,其次畏之。"这是说太上之世,人们只知道有其君,等而次之的世代是赞誉其君,畏其君,侮其君。所以它与第十八章"大道废、有仁义;智慧出、有大伪……"不沾边,自然应是两个章,但是楚简本则不是这样:"太上下智,佑之其即,亲誉之其即,畏之其即,侮之。"即者"即食也"(《说文解字》),接近也。楚简本说的是最好压低智者的声望(太上下智),富佑他们(智者),他们会就食、求官于你;亲近赞誉他们,他们也会就食、求官于你,他们就是怕你,也会想方设法就食、求官于你。要看不起他们。为什么呢?因为大道的废弃,大伪大诈的出现,六亲的不和,国家的昏乱,全都与智者、知识阶层的迅速出现有关(帛书本叫"智快出，有大伪"）。这样一来，第十七章和第十八两章竟谈的是一回事，为什么还要分成两章呢。所以楚简本就有明确的分章点，标明今本之第十七章和第十八两章乃一个章。

西汉竹书《老子》根本没有弄清文义，于是将相当于今本的第十六章、第十七章、第十八章三章合为一章，编为第六十章，极为伤害文义。

十一　应该承认异形之分章符号

楚简本正规的分章符号为墨钉"■"与小横块"▃"，但也有细小一横的分章点"▄"：如老子图版甲第6、27简，乙第4、5简，丙第12简；弯钩分章号"∫"：如图版甲32、39简，即是一反"∫"形；空格分章号：如《老子》图版丙第10简，有一分章点不甚清楚，但下面有五六字之空格显然表示此章结束。按照今天的标准，它并没有分章符号，但在先秦还没有明确分章概念的情况下，岂不也应视为分章符号？在竹简编线线槽和断简之内的分章符号，虽然难以看出，但根据文义、帛书《老子》分章符号与今本《老子》的分章，也是可以推断出是否有分章符号的。如此之章起码有三个。尽管不可能标出分章符号，但是应予以一定说明。

如此一来，我们可以考证出更多的分章符号。

十二　不要将断句符号误认为分章点

帛书本分章点与断句符号区分明显，只是个别的断句符号可能是分章点。而麻烦的是楚简本的分章点往往与个别的断句点相混。虽然楚简本绝大多数文句后无断句点，但又间或点上几点，并且也与分章点一模一样，这就给辨认带来了麻烦。如首章（相当今本第十九章）：

> 绝智弃辩，民利百倍■。绝巧弃利，盗贼无有■，绝伪弃虑，民复慈孝■，三言以为辨不足，或令之，或乎豆，示素保仆，少私须欲 ■

显然前面三个点是断句点，最后一点无疑是分章点，因为它与下文之"江海之为百谷王……"已无直接联系。可能出于这种断句点与分章点相混杂的情况，西汉竹书整理者，没有认定一个分章点，这又走向了另一个极端。所以需要小心慎重分辨，既不将分章点误认为断句点，也不将断句点误认为分章点。

结　语

通过以上分析，我们大概可以引出一些结论了。如果说帛书本分章点少，证据还较单薄，那么楚简本则提供了充分的证据。何况还有其他大量帛简文献分章符号可作参证。可见，帛书《老子》甲本之分章点已非孤证，也不能再说缺乏版本之依据了。虽然今本《老子》多数章的分章是正确的，但是今本《老子》也有一部分是不符古貌的，是被后人主观加以编合的。比如，唐玄宗亲自为《老子》作注作疏，并进行分章，钦定上卷四九三十六章，法春夏秋冬；下卷五九四十五章，法金木水火土①。当时他看到的传本太有限（只有几本），楚简类《老子》他根本就没有见过，加之文字的讹误，难免不使一些章被合并，有违《老子》的初衷。在如是情况下，我们依据今本、楚简本、两汉竹书本以及出土之文献，科学地考证、审定、完善帛书本的分章。以上多方面的分析，充分说明了帛书《老子》的原分章符号是可以考证的。它是有根有据、合乎古籍校勘规则的。笔者初步考证的结果是：帛书《老子》应有的分章符号当在一百一十二个左右，或者说，它是由一百一十二个左右的章组成的。

刊于《弘道》2005 年第四期，总二十五期，

这次又做了较大的修改补充。

---

① 《唐玄宗御制道德真经疏外传》。

西汉竹书《老子》与帛书
《老子》孰优孰真

——读《北大西汉竹书老子》

　　自从 1976 年购得马王堆汉墓帛书《老子》，笔者开始对帛书、楚简、今本《老子》进行比较研究，迄今已三四十年了。当笔者得知北大西汉竹书《老子》即将出版的消息后，可谓朝思暮想，时不时给北大历史系和上海古籍出版社打电话询问出版的消息，唯恐年岁已大等不到其出版。

　　笔者是从两方面对西汉竹书本、帛书甲乙本、楚简本《老子》进行比较研究的：

　　一是篇章结构布局的比较；

　　二是中心思想与重要论断的比较，以及总体比较。

　　现将研究比较的结果整理如下，以求教于老学界的同好。

一 篇章结构布局的比较

西汉竹书《老子》的文字可以说无损缺，而且篇章结构布局也较完备。

（一）文字无损

"汉简本原书全文应有五千二百六十文字，其中不少残缺文字可据上下文补出。对理解文句有影响的文字不超过全书百分之一"。"而帛书《老子》残破较甚，汉简本系保存最完整的古本《老子》。"这是整理者的话，这从文字保存方面充分证明西汉竹书优于各古本。

（二）西汉竹书再次确证《老子》之原篇次与原篇名

"汉简本两篇的顺序与帛书本一样，都是以'德'在前，'道'在后。"①即德为"上经"，道为"下经"，这里只称"上经""下经"，并非"德经""道经"。而帛书本篇尾只称"德""道"，其"经"字是帛书整理者自己加的，并非古貌。

西汉竹书《老子》再一次证明传世本即今本《老子》的篇名"道经""德经"名不符实。《史记·老子列传》只

---

① 见《北京大学藏西汉竹书（贰）》图版 3 与第 39 页，释文第 123 页与第 145 页。

说"老子修道德","著书上下篇",帛书《老子》甲乙本都是"德"上"道"下，韩非子《解老》《喻老》所据本也是"德"上"道"下，甚至王弼古本极可能也是"德"上"道"下①。现在又加上西汉竹书《老子》，这已是第五个或第六个古本，完全证明了《老子》原"上"篇、"下"篇或上经、下经才是古貌。所谓"道经""德经"之篇名是唐玄宗妄改的，损害了文义，乃至使人产生误解。用古人的话说："道中有德，德中有道，道德连体，不可偏举"，《老子》之"道"字共出现72次，上、下篇各有十八个章谈到"道"，为什么偏偏将哪一篇专门定为论道、论德之经呢？帛书《老子》甲乙本，只于上下篇之尾注"德"与"道"，并未称德经、道经，是西汉竹书《老子》才发展为"上经""下经"，多了"经"字，这是不是有违古貌古意的呢？

应该说西汉竹书第一，印证了今本《老子》颠倒了德上道下之篇次的错误；第二，印证了"德经""道经"名不符实之篇名，没有专门论道或论德之篇。这两点都很重要。正如一幅价值连城的千古名画一割为二，后来被人为颠倒了上下部分，岂不遗憾千古？西汉竹书《老子》再次给予确证，重要性不言而喻。

---

① 尹振环：《帛书老子释析——论帛书老子将会取代今本老子》，贵州人民出版社，1998；尹振环：《帛书老子再疏义》，商务印书馆，2007。

（三）唐玄宗颠倒《老子》篇次与分章必须予以否定

西汉竹书《老子》印证以下史料不实：

> 宋人谢守灏《混元圣纪》引《七略》："刘
> 向雠校中《老子》书……定著两篇八十一章。《上
> 经》第一，三十七章；《下经》第二，四十四章"。
> 由此确认刘向所校雠的中秘藏本《老子》也分为
> 上经、下经，不过是以'道经'为上，'德经'
> 为下……

所引之文，是"宋人"，而不是西汉人，此其一；刘
向与刘歆所校之《七略》，查《汉书·艺文志》，只见邻氏、
傅氏、徐氏《老子》经传和《刘向说老子四篇》，根本没
有"定著二篇八十一章"，此其二；《黄帝四经》已见之于马
王堆帛书《老子》（壹）中，此其三。宋人所谓的"定著二
篇八十一章"，看来只能是来自唐玄宗。开元九年，唐玄宗
令道士司马承祯刊正《老子》文句。开元十年，唐玄宗又
亲自为《老子》作注、作疏。"道德分上下者。开元二十一
作，颁下所分，别上卷四九三十六章，法春夏秋冬；下卷
五九四十五章，法金木水火土"（《唐玄宗御制道德真经疏
外传》）。开元二十三年唐玄宗注疏《老子》后，群臣奏请：
"四海同文，一辞宁措"。唐玄宗"许之"。天宝元年四月，

唐玄宗专门下了一道诏:《分道德为上下经诏》。此诏除了强调《道德经》在应试中的地位外,对道德经的"称谓殊乖",上下经口径不一,殊为不满。因此,诏曰:"道经为上,德经为下,庶乎道尊德贵,是崇是举"(《册府元龟·帝王部·尚黄老》)。所以,唐玄宗时道上德下的篇次分章才划一固定。

根据以上几点,宋人谢守灏之引文,查无实据,不可信。而唐玄宗钦定的《老子》却是有史为证的,《道藏》中的《道德经》记载的就是被统一颠倒了的内容,宋人所看到的不可能不是遵旨颠倒的八十一章的内容。

(四)四版本《老子》的分章优劣比较

"汉简本最重要的优点之一就是保存了完整的篇章结构。每章均另起一简抄写,章首有圆形黑点'●'作为分章提示,章尾未写满的简形成留白,因此分章情况一目了然。"但是,对分章的问题研究还需要综合对帛书、楚简《老子》与诸子论著的分章情况进行全面深入的比较分析,这样才能对西汉竹书《老子》做出全面的评估。

帛书《老子》现在有 19 个分章点,其中 12 个分章点是正确的,分别点在今本第四十六章、第五十一章、第五十三章、第五十七章、第六十三章、第六十四章、第八十章、第六十九章、第七十三章、第七十五章、第七十六章、第一章的前面,而西汉竹书本的第九章、第十四章、第二十三章、第二十章、第二十六章、第二十七章、第四十三章、第三十三章、第三十七章、第四十章、第四十五章等的章首也有分章点，这不仅说明西汉竹书与帛书本相通，也与楚简本相互承袭。只不过西汉竹书本不仅做了简化，更糟糕的是还否定了帛书本与楚简本的许多正确分章点与分章符号。楚简本与西汉竹书本有 14 个章的分章符号是相同的，只不过西汉竹书本用"●"作分章符号，楚简本用"■""■"方形符号，这里不再详加列举。下面只说西汉竹书本在分章上的严重失误：

1. 没有看到帛书、楚简本一些章是由两章合并而成的

　　●天下有道，却走马以粪。天下无道，戎马生于郊。●罪莫大于可欲，祸莫大于不知足，咎莫惨于欲得。故知足之足，恒足矣。（■）

此章总共不过四句话，而帛书《老子》的头两句就明明标着两个分章点，说明前面两句是独立成章的。楚简本也有此章，不过只有后面两句，且在"恒足矣"句后有一墨钉：■，显然是分章符号。这不仅证明前两句是独立章，还确证其分章正确。第四十六章是由两个章合成的，这种合成并不高明：不是进步，而是退步，它将战争与不知足、纵欲等联成一章，似乎战争完全是贪得无厌引起的。然而自卫性质的战争，解民倒悬的战争，还不能归咎于不知足。

不知足表现在为人、为政的各方面。这说明帛书《老子》
前两句独立成章是正确的，老子的本意是这样的。

再如最典型的今本之第七十二章（楚简本无此章）：

> 民之不畏威，则大威将至矣！●毋闸其所居，
> 毋厌其所生。夫唯弗厌，是以不厌，是以圣人自知
> 而不自见也，自爱而不自贵也。故去彼取此。

帛书《老子》标明后三句为一章。前一句虽无前面的
分章点，但它不可能列入前面"圣人之不病"一章。显然，
前一句即是一个独立章。这样一来，大大加深了其内容的
深刻性，大醒耳目。河上公注曰："威，害也。人不畏小害，
则大害至。"严遵本之谷神子注曰："民不畏威，轻禁易入，
身陷于司，大命绝天。"当人民到了藐视统治阶级的权威
时，统治阶级必定报以更大更恐怖的镇压。这是历史反反
复复证明了的事实。分开解析此章，岂不更好？

这些说明帛书《老子》的分章点是正确的，而且说明
今本《老子》的一些章是由原来的两个或多个章合并而成
的。同样西汉竹书《老子》的第九章与第三十八章也是由
原来的两个或多个章合并而成的，因而文义大为模糊。

2. 楚简本也证明今本一些章为两章合并而成

帛书本虽有分章点，但缺蚀太多，而且就《老子》而
言，似乎是孤证。然而，有了楚简本不但可以证实其正确，

而且可以大大补充其不足。如相当于今本第五十二章，其帛书、楚简本释文如下，〔 〕中的圆点及〖 〗中的小横方点，分别为帛书本、楚简本之文字与分章点：

帛书本：〔●天下有始，以为天下母。既得其母，以知其子，既知其子，复守其母没身不殆●〕

楚简本：〖塞其兑，闭其门，终身不危。启其兑，赛其事，终身不救■〗

帛书本：〔见小曰明，守柔曰强，用其光复归其明，毋遗身殃，是谓袭常●〕

帛书本分章点说明第五十二章，不是一个章，楚简本的分章点证实了这一点。同时也证明了帛书本加写了前面一个章，而且对后面之章又加以扩充。这确证今本第五十二章是由两个章组成的。西汉竹书本第十五章承袭了帛书本，但是模糊了后一个分章点。帛书、楚简本说明它应该是两个章，西汉竹书本的一个章是它被改造后的样子，并非古貌，非原貌。

3. 帛书本、楚简本证明：今本许多章由多个章组成

今本第六十三、第六十四两章，即汉简本的第二十六、第二十七两章，它们就是由各不相属的八组论断组成的。如第六十三章是由五章组成的：

●其安易持，其未兆易谋，其脆易判，其微易散。为之于未有，治之于未乱。

〔●〕合抱之木，生于毫末；九层之台，起于累土；千里之行，始于足下。

〔●〕为之者败之，执之者失之。圣人无为也，故无败也；无执也，故无失。

〔●〕民之从事，恒于其成而败之。故曰：慎终如始，则无败事矣。

〔●〕圣人欲不欲，而不贵难得之货；学不学，复众人之所过。能辅万物之自然而不敢为。

显然这是由五章组成的一章。没有方括弧的黑圆点为帛书《老子》原有的点，而方括弧内的黑圆点，是考证、复原的分章点。这样分开，岂不更好吗？

果然，楚简本证明了第六十三章、第六十四章完全是由多章组合而成的。

其证据有五：第一，今本第六十四章有三个分章点，证明不是一章；第二，相当于今本第六十三章的楚简本内容有多处分章点，证明并非一章；第三，帛书、今本都有增文，增加"图难于易，为大于细"的论点，这当是另外之章；第四，少了"是以"承转文字；第五，今本第四十五章，在楚简本中虽只有十句，竟有六个分章点，起码可分为两章，也可以分为六章，可证明第六十三章和第

六十四章绝对不止两章，很可能是由八章组成的。这些都
说明今本第六十三章、第六十四章为多章合并之章，分开
之后，文义更清楚。分为多章，既无损文义，还使文义更
清晰，何乐而不为？

4. 简本证明帛书本扩充的文句多为独立之章

上面已有这方面的事例，但还不充分，下面再举两例。

其一，相当今本第四十八章、西汉竹书本第十一章的
全章内容如下（〚 〛号内为西汉竹书本文句；〔 〕号内为帛
书本文字）：

> 〚学者日益，为道者日损。损之又损，以至
> 于亡（无）为①也，亡（无）为则亡（无）不为▅
> 绝学无忧〛②。〔将欲取天下也，恒无事，及其有
> 事也，又不足以取天下矣。〕

将"绝学无忧"句除外，就是今本、西汉竹书本《老
子》第四十八章、第十一章的全文。中间分章点无疑说明
前半部分为一个章。"绝学无忧"句虽与前文有联系，但已
被分章点隔开，因此当为独立之章。后段方括号内的文字，
系帛书本文字，是谈"取天下"这样的大事，显然是战国
时代的帛书本才能提出的"大事"，这是帛书、今本后来扩

---

① 《郭店楚墓竹简》第 7 页，图版 3 简。
② 《郭店楚墓竹简》第 7 页，图版 3 简。

充的文句，显然它是另外一个章。因此，今本第四十八章
不但为文义不相连的两章无疑，而且"绝学无忧"应为另
外独立的一句一章又是无疑的。不过这里还是要对"绝学
无忧"略做分析才好。在河上公、王弼、傅奕本（以下简
称河、王、傅本）中，此句是今本第二十章之首句，下面
紧接着"唯之与诃，相去几何"，显然文义不相属。因此，
高亨将此句列入第十九章之末，紧接"见素抱朴，少私而
寡欲"句后。看起来，这比列入第二十章要合理，但细加
琢磨，也是不妥的。"见素抱朴，少私而寡欲"（帛书本多
"而"字），是对侯王、圣者的劝导。而"绝学无忧"则是
对当时盛行的私学而言，私学倡仁导义，推圣崇智，弄得
仁义真假不分，天下不宁，人民难治，因此，此等私学要
绝而后已。如果将其列入第十九章后，就成了让侯王、圣
者也要"绝学"了。国君、统治阶层也要绝学，何以为君？
何以治国？何以"知天下""知天道"？《老子》五千言，也
是为君者之学而写。因此，针对"私学"而言的"绝学无
忧"既不能被列入第十九章，也不能被列入第二十章，而
只能是独立之章。这样，《老子》的一个重要思想即可重见
天日。可惜西汉竹书本没有承袭楚简本的分章点，依然一
锅煮于第六十一章之首。

　　今本《老子》第二十章，以"绝学无忧"句为首句，
紧接着是"唯之与诃，相去何若？美与恶，相去几何？人
之所畏，亦不可不畏"，楚简本同今本、帛书本，但在畏字

后有分章符号："■"。说明此章结束。帛书、今本认为意犹未尽，加了句多么不可捉摸之感叹句："恍呵！其未央哉！"紧接下去就是"众人熙熙，若飨于大牢"等句，与上文毫无关系。这些都说明了"绝学无忧"为独立之章，那么余下的部分必为两章。楚简本的分章点已说明了这一点，因此今本第二十章是由三个章组成的，岂不无可置疑？

5. 楚简本也证明一些章为另一种形式的多章合成

上面"绝学无忧"为独立之章，说明了楚简本、西汉竹书本有一句话一章的。另外相当于今本第四十五章、西汉竹书本第八章的释文与分章符号如下，

■大成若缺，其用不蔽▬大盈若盅，其用不穷▬大巧若拙 ■大成若诎，大直若屈 ■噪胜苍，青胜燃，清靖为天下定。

应该说后一句为一章，这是很清楚的，因为它与前文及后文（善建者不拔）都不搭边。这里姑且不论。这个例子充分证明了今本许多章是由两章或多章合成的。楚简本释文只认定了"大成若缺"前、"大直若屈"后两个分章点。自然是将中间两个认作断句符号了。当然，这种看法有道理，因为楚简本分章点与断句点往往混用。但它是否有可能是分章符号呢？五个点分成五章，每章论断独立，思想完整，相互关系并不直接，也文顺理通。所以楚简本以上五个点，也

完全可能是五个分章符号。但话得说回来，合前几句为一章，不伤文义，也未尝不可，这也早已是约定俗成的。不过它充分说明，今本那些不同类文句硬塞在一个章里的章，必是多章合成的。一句两句一章的，倒是正常的。

6. 楚简、帛书本与先秦文献证明许多章只是一两句话

前面已经说明"绝学无忧"四字一句一章当为楚简《老子》的原型。同样马王堆汉墓出土的其他文献，如《黄老帛书》有两句话一章，也有一句话一章的。至于《论语》《孟子》《中庸》等也有两句话、一句话，只要是完整的思想就是一章的情况。这里仅举以下几例。

"吾未见好德如好色者也。"
"雍也可使南面。"
"性相近，习相远。"
"唯上智下愚不移。"

这四句在《论语》的《子罕》《雍也》《阳货》篇，它们就是独立之章。

"人之患在好为人师。"
"有不虞之誉，有求全之毁。"

这是《孟子·离娄上》的第二十一章、第二十二章。

帛书《老子》是否也有一句话一章的呢？有，而且不止一两章。比如："正言若反""稀言自然""治大国若烹小鲜"等，都应该是独立成章的。它们思想完整，与上下文无直接联系，独立成章后，文义大明。下面试以"治大国若烹小鲜"为例：这是今本《老子》第六十章的首句，即治国忌折腾。它思想完整，极为深刻。而与它紧接着的"以道莅天下，其鬼不神……，"可谓风马牛不相及。原本必为独立之章，岂不无可置疑？

总之，古本《老子》还有一句话、两句话为一章的。西汉竹书本完全没有注意，更没有肯定这一点。这不是优，不是进，而是退。

7. 楚简本还有意想不到的分章点

相当于今本第三十二章的部分，楚简本释文与分章符号如下：

> 道恒亡名，仆唯妻（栖），天地弗敢臣，侯王若能守之，万物将自宾，■天地相合也，以逾甘露，民莫之令而自均安。始折（非"制"，也非"正"）有名，名亦既有，夫亦将知止，知止所以不殆，譬道之在天下也，犹小谷之于江海■（《郭店楚墓竹简》第四页，第18、19、20简）

这两个分章点非常明显，且前后两点之前后还留下几个字的空格，这个章在帛书，没有任何分为两章的痕迹。这里居然清清楚楚被分成两章。何故？细审文义，分两章能加强侯王安守无名的说教。后面之章虽然是前章的展开与深入，但体会文义，的确又是有区别的。侯王安守无名与不安守无名，与"天地相合也，以逾甘露"关系不大。因为那不争名、不求名的侯王，也可能天公不作美，不降甘露而降灾于民；那些争名、好胜的无道侯王，也可能碰上风调雨顺甘露遍地五谷丰登的好年节，那时无道的侯王也会"始折有名"（"折"，非帛今本之"制"也非西汉竹书本之"正"）——由人民不赞誉到人民赞誉，感谢身居深宫、玉食美衣的侯王，这时不论什么样的侯王都不要头脑发热，也要"知止"。可见分为两章是有道理的、深刻的，祖本当是两章。它能加深人们的理解，又能补充纠正帛书、西汉竹书、今本造成的误解，这对于凸现《老子》的无名思想非常重要。

8. 楚简本还证明今本有两三个章应合为一章的

今本《老子》第十七章、第十八章、第十九章，在楚简《老子》中虽然也是三章，但其中两章处于"甲"篇之首，另一章处于"丙"篇之首。到了帛书《老子》才前后相连，而西汉竹书本合三章为一章，即第六十章。为什么？原来今本第十七章说："太上下知有之，其次亲誉之，其次畏之。"这是说太上之世，人们只知道有其君，等而次之的世代是赞誉其君，畏其君，侮其君。所以它与第十八章

"大道废、有仁义；智慧出、有大伪……"不沾边，自然应是两章，但是楚简本则不是这么回事："太上下智，佑之其即，亲誉之其即，畏之其即，侮之。""即"者"即食也"（《说文解字》），接近也。楚简本说的是最好压低智者的声望（太上下智），富佑他们（智者），他们会就食、求官于你；亲近赞誉他们，他们也会就食、求官于你，他们就是怕你，也会想方设法就食、求官于你。要看不起他们。为什么呢？因为大道的废弃，大伪大诈的出现，六亲的不和，国家的昏乱，全都与智者、知识阶层的迅速出现有关（帛书本的话叫"智快出，有大伪"）。这样一来，第十七章、第十八章竟是谈的一回事，为什么还要分成两章呢。所以楚简本就有明确的分章点，标明今本之第十七章、第十八章乃一章。"至虚，恒也，守静，笃也"，是另外一章。

9. 应该承认异形之分章符号

简本正规的分章符号为墨钉"■"与小横点"▬"，但也有细小一横的分章点"▬"：如《老子》图版甲第6、27简，乙第4、5简，丙第12简）；弯钩分章号"ʃ"：如图版甲32、39简，即是一反ʃ形；空格分章号：如《老子》图版丙第10简，有一个分章点不甚清楚，但下面有五六字之空格显然表示此章结束。按照今天的标准，它并没有分章符号，但在先秦还没有明确分章概念的情况下，岂不也应视为分章符号？另处于竹简编线线槽和断简之内分章符号，这虽然难以看出其有无，但根据文义、帛书《老子》分章符号与今本《老子》的分章，也是可以推断出是否有分章符号的，如此之章起码有三个，尽管不可能标出分章符号，但是应予一定说明。

如此一来，我们可以考证出更多的甚至全部的分章帛书本符号。

帛书本分章点与断句符号区分明显，只是个别的断句符号可能是分章点。而麻烦的是楚简本的分章点往往与个别的断句点相混。楚简本虽然绝大多数文句后无断句点，但间或点上几点，并且与分章点一模一样，这就给辨认带来了麻烦。如首章（相当今本第十九章）：

> 绝智弃辩，民利百倍■。绝巧弃利，盗贼无有■，绝伪弃虑，民复慈孝■，三言以为辨不足，或令之，或乎豆，示素保仆，少私须欲■（《郭店楚墓竹简》，第三页，图版1、2简）

显然前面三个点是断句点，最后一点无疑是分章点，因为它与下文之"江海之为百谷王……"已无直接联系。可能出于这种断句点与分章点相混杂的情况，西汉竹书整理者，没有认定一个分章点。这说明还需要小心慎重分辨，既不能将分章点误认为断句点，也不能将断句点误认为分章点。

通过以上分析，我们大概可以引出一些结论了。西汉竹书《老子》的分章，承袭了帛书、楚简本的正确部分，这是应该予以肯定的，但是有的没有承袭应承袭的。这就不如帛书《老子》了。楚简《老子》虽然最古，但系《老子》之草创阶段，不及帛书本、今本与西汉竹书本。因此，帛书《老子》之分章优于其他三类版本，时代最古，近古必存真。如果说帛书本分章点少，证据还嫌单薄，那么楚简本则提供了充分的证据，况且还有其他大量帛、简文献分章符号作为参证呢。唐玄宗亲自为《老子》作注作疏，并进行分章，钦定上卷四九三十六章，法春夏秋冬；下卷五九四十五章，法金本木水火土（《唐玄宗御制道德真经疏外传》），这种分章方法，是不科学的，是反科学的，自然不可为据。在如是情况下，审定《老子》的分章应该以帛书《老子》为底本，参阅其他古本及先秦古籍，科学地考证、审定、完善帛书本的分章。笔者初步考证的结果是：帛书《老子》应有的分章符号当在一百一十二个左右，或者说，它是由约一百一十二章组成的①。

---

① 关于帛书《老子》的分章（或篇次）的问题，1980 年起，笔者就开始在省级刊物上，后来在上海、北京、台湾刊物上发表了多篇论文，一再呼吁注意这个问题，其中重要的有《从帛书〈老子〉看〈老子〉原结构布局》（《复旦学报》1987 年第二期）、《论马王堆汉墓帛书老子》（台湾《大陆杂志》87 卷第三期）、《恢复老子的本来面目》（《文献》1992 年第三期）等，但均因证据不足，"取代"提法欠妥（作为道教的经典，率由旧章，不能"取代"），而未引起注意。此文综合以上各文，同时利用楚简《老子》、西汉竹书《老子》等简、帛佚籍的分章资料，专论帛书《老子》的分章。

帛书《老子》最可信

《老子》分楚简、帛书甲乙、西汉竹书与今本四大类，读者最好读哪类呢？楚简《老子》抄写于战国中期，只两千字，仅约五千字帛书、今本的 40%。显然要读足本的《老子》，楚简本留作研究或参考用。那么，帛书、西汉竹书与今本，哪一类最可信？时至今日，这件事，可不能再回避，再含糊其词了！

一　无篡改本《老子》

二十世纪七十年代初，长沙马王堆出土的女尸及古文物，真是世间少有之奇迹。它能保存地下两千多年，而且基本完好，一是因为它深埋地下 12~14 米，无盗墓之忧；二是密封极好，无气、无氧、无菌，乃至出土时，女尸的肌肉、内脏、骨节，依然柔软，连肠内未消化的甜瓜子，也清晰可见，完全不同于干木乃伊，所以入土之古文物损伤不大，太神奇罕见！文物里就有早已失传的《黄帝四经》《太一生水》等重要文献，更宝贵的是还有帛书《老子》，即马王堆汉墓帛书《老子》甲、乙本，帛书虽有浸蚀，但甲、乙互补，内容基本完整。它分别抄写于战国末与西汉初。这样一来，我们不仅可以对"黄老之学"能有个全面的了解，还得到了一本距祖本最近的《老子》。当高亨先生对出土不久的帛书本"略加校勘"时，他就断言其"多优于今本"。

试想，我国其他出土之先秦文献能有比这更完整的吗？没有。1993 年 10 月，湖北荆门市郭店村出土了楚简《老子》，它只有两千字，而且结构布局完全不同于今本、帛书本、西汉竹书本。如果说帛书本是天赐正本《老子》，那么楚简本、西汉竹书本则是天赐副本了。它对于研究《老子》一书的形成，以及老子其人，启发与作用极大，而且对纠正帛书本错讹有很大作用！帛书《老子》证明今本与西汉竹书《老子》错讹不少，人为篡改严重。而楚简《老子》又进一步证明帛书《老子》已出现不少讹误。楚简、帛书甲乙本、西汉竹书本不仅有不少惊人之笔，还证明今本有一系列惊人之误、惊人之错、惊人之讹。如果用楚简《老子》纠正帛书《老子》之错讹，再验之以西汉竹书本，那么岂不完全可以说：帛书本优于、真于今本吗？帛书本可以成为今本《老子》的"校正器"，校正人为与非人为的讹误。因为它是无篡改本。

二　唐玄宗篡改了《老子》

笔者曾有本专著:《今本〈老子〉第五十七个章中的模糊点》,此书逐章分析了今本《老子》八十一章中含有错讹的章,竟占百分之七十。这些错讹主要是由客观历史条件造成的,还是人为制造的呢? 笔者当时认为二者兼而有之,后来想到《孙子兵法》《论语》《管子》《韩非子》等的流传,为什么没有发现太多讹误,而《老子》偏偏出现整个结构布局与章秩的错乱、文字篡改的种种人为的痕迹呢? 笔者渐渐地更倾向于:主要是唐玄宗人为造成的。

《孙子兵法》、《论语》和《管子》,这些著作与帝王的利益并无矛盾,可能更利于帝王统治,所以绝不会有被篡改的厄运。而《老子》则不同,它有许多论点,是规谏帝王的,有的是帝王所排斥的,细读帛书《老子》,会发现德篇有九个章,道篇有两个章,是帝王不愿意听而文人又不敢挑明的章。这十一个章无不被"改造"与"模糊"化了。西汉竹书本也有个别内容被篡改,比如"皇恩浩荡""君王圣明"……是帝王时时都在听的,而古《老子》开篇即说:"上德不德,是以有德",即君上有德而不敢以德自居、自利、自傲,这岂不是在"唱反调"?《老子》一再倡导侯(帝)王要自识(自名)、自称(自谓)自己为无德

143

之人（孤）、少德之人（寡）、不善之人（不榖），可帝王无时不被臣民称为"圣上""万岁""奉天承运"，哪能让帝王自称自己是无德之人、少德之人、不善之人呢？可想在万岁不离口的历史背景下，帝王是绝对不会倡导这一思想的。至于《老子》的"善者不多，多者不善"，是直指侯王与统治阶级（君上、为政者）的道德与决策达于善的太少。借用鲁迅的话说："历代皇帝基本没有好东西。"……这对于绝大多数帝王来说是无法接受的，而这些又都集中在《老子》之德篇前面九个章中。《老子》注定会被帝王模糊、篡改、调整。这是迟早的事。系统完成这件事的是唐玄宗。天宝元年（742），唐玄宗一方面加封自认的老祖宗（老子）为玄元皇帝，升入上圣（《旧唐书·礼仪志四》）；另一方面专门下旨（《分道德经为上下经诏》），将《老子》一律以"道经为上经，德经为下经"（《全唐文》卷三十一）分为两部分。《老子》的开场白，不再是"上德不德"了，而是"道可道，非常道"了。如此小题大做，专门下诏，可谓意义深远：第一，德篇的九个帝王不喜欢听的章，都放到后面，且《老子》说教的重头部分被模糊了；第二，整个颠倒了《老子》之章秩、文理、思路。比如帛书《老子》的总结章是劝导侯王，安守无名，切勿求名取辱。颠倒篇次后，结语章成了中间章，加上篡改了文字，总结的话不见了。与此同时有碍皇权专制主义的关键文字被修改了，比如"善者不多，多者不善"被改为"善言不辩，辩言不善"。此外，有碍大一统的"小国寡民"章也从《老子》之中间章被调到《老子》之末两章，同时还用"圣旨"——固定了尚有问题的许多字、句与分章。至于《老子》的一些其他内容，比如倡导侯王"善下"、"不争"、"好静"、"身后"和"无名"（绝不争名），也是唐玄宗不爱听的。不然他不会沉溺声色，大兴土木，引发安史之乱。天宝十三年（754），唐玄宗朝献太清宫，再为玄元皇帝（即老子）上尊号为"大圣祖高上大道金阙玄元天皇大帝"，吹捧之高，令人惊倒。唐玄宗又将约束侯王政治道德的《老子》，变为一种约束人民的哲学。于是他将《老子》缩写为两百多字的人生哲学：《道微通诀》，颁发全国每一户。这两件事，笔者过去说，是唐玄宗对《老子》的两大负面贡献，现在必须改说：唐玄宗篡改了《老子》，使《老子》首尾异置，面目颠倒，不明不白一两千年。冤者，枉也，有意也；错者，误也，无意也。

当然，部分文人也有一定责任，随着思想文化专制的强化，部分文人为了保官保命，讳言秦汉时所谓"君人南面术"，即君上帝王之政治道德也，并将以规谏侯王的《老子》，引向养生哲学、炼养之说，以及虚无为宗的玄学，从而使《老子》的政治哲学被一再淡化。比如"吹者不立"——浮夸吹嘘是站不住的，但帝王封建统治时时都得浮夸吹嘘、自吹自擂，如皇恩似海、万寿无疆等，他们认为没有这些，就不能表现自己功绩，所以"吹者不立"被妄改为不痛不痒的"企者不立，跨者不行"，这样的事也许是部分文人迎合之作。

帝王干预文化发展，还有许许多多案例。秦始皇的焚书坑儒开其端。朱元璋读《孟子》，十分气愤"民贵君轻，社稷次之"等文字，下令删改，撤去孔庙中孟子亚圣的牌位。可见，唐玄宗之举绝非空前绝后。

三 今本《老子》产生错讹的客观原因

所谓"今本"，即流行一两千年的汉晋唐宋的河上公、王弼、傅奕、范应元的八十一章本。这四个主要传本，由于受客观历史条件的限制，也产生了种种不可避免的讹误。

一是战国时期文字不统一，传抄《老子》不外乎口耳相传，口传手抄，出错难免。

二是当时通用字少，大量使用假借字，如"青"，可以是本字，但也以假借为情、精、清、请、睛……变为本字时少不了出错。

三是口传《老子》，因语音不一，学力不一，少不了出错。

四是秦汉统一文字，《老子》也要统一文字，即变六国文字为秦篆、汉隶书。文字与字体的转换容易出错。

五是刘向为《老子》定篇分章，校雠文字，所据因受客观条件限制，仅只有四种传本。何其少呵！

六是《老子》传本逐渐增多，抄写者据多种传本的传抄，因理解力不同，难免不妄改个别字。

七是《老子》成书时主要用竹简，年代久远，错简难免。也许个别传本是篇次颠倒的、章序错乱的，断句不免有错。

八是《老子》成书时，尚无明确的篇、章、节概念，更没有标点符号，所以今本《老子》部分分章有误，从而因分章错误造成的误解也就难免。

九是字书尚属初创阶段。秦始皇统一天下，"书同文"。李斯等作的字书《仓颉》篇，凡五十五章，共三千三百字，还包括重复的字。现在《汉语大词典》，共收 56000 余字，还有其他注音、词、注释等 2000 余万字，可以想见当时的条件太差了，出现差错在所难免。

十是道教兴起，尊奉老子为教主，为适应宗教的需要，个别文字做了相应的改动，如"王大"改为"生大"，后再改为"人大"。

可见，客观历史条件决定了今本《老子》产生一些错讹是难免的，有的差之一字，失之千里。比如今、帛书、西汉竹简本之"治人事天莫若啬"——即治理天下事奉上天，莫若吝啬精神；而楚简本是"给人事天莫若穑"——富足人民，事奉上天，没有比务农更重要的了。如此重要的文字、文句、章节，需要用楚简本来取代。但总的来说因历史条件产生的错讹，对《老子》大局损伤不大。而唐玄宗的改造则是伤筋动骨，几乎无不是牵动《老子》核心思想的。

帛书、楚简《老子》先后出土，虽然它们都是传抄本，但却是最古本，是没有被有意篡改的古本。它们具有无可置辩的优越性：一是帝王尚未来得及对其改造，二是道教还不可能对《老子》进行某些宗教改造。这种得天独厚、古人无缘可见的出土文献，正可以让我们重新审视《老子》。同时我们还完全可以利用古人无法比拟的大量字书：新出版的《战国文字编》，《楚文字编》，包山、郭店、马王堆、银雀山等文字汇编等，以及楚简、帛书的研究成果，深入探究帛书《老子》，全面校订帛书《老子》，同时考证并改正今本《老子》的错误之处。

今天有约十分之九的人读的《老子》是河上公、王弼、傅奕本《老子》。但今本《老子》，百分之七十的章中有误点呵！

四 帛书《老子》的七真七优

从 1976 年起，三十多年来笔者在大小不同的报刊发表了长短不一的有关论文 150 余篇，出版了有关帛书《老子》七本专著，①《帛书老子释析》、②《帛书老子与老子术》、③《今本〈老子〉第五十七个章的模糊点》（以上是贵州人民出版社出版），④《楚简老子辨析》（中华书局），⑤《帛

书老子再疏义》、⑥《重识老子与〈老子〉——其人其书其
术其演变》(商务印书馆)、⑦《帛书老子今译》(香港出版)。
其中《帛书老子再疏义》《重识老子与〈老子〉——其人其书
其术其演变》，被收入"国家社会科学基金成果文库"。上述
论文与专著逐一考证了帛书《老子》的每一个字，同时考证
了帛书与今本的篇名、分篇、分章、章秩，使《老子》内容
变得更清晰了，比今本《老子》更条理分明了。它证明了帛
书本在六个方面真于、优于诸今本老子。

1. 无帝王、帝王文化之篡改、影响

已如前述。

2. 帛书篇名真，优于诸今本《老子》

《史记》只是说"老子修道德，著书上下篇"，所以
如用"道德"二字命名《老子》这部书，并不走调；但用
"道""德"或"道经""德经"来命名上下篇，则大大离
谱了。因为上篇下篇都是通论道德的，并非哪一篇专门论
道或专门论德。用古人的话说则是："道德混说"，"道中有
德，德中有道"，"夫道德连体，不可偏举"。如上篇"德"、
下篇"道"各有十八个章谈到道，为什么偏偏要将哪一个
篇专门定为论道篇或论德篇呢？《论语》的《学而》篇是取
首句"子曰：学而时习之"中的"学而"二字，并非通篇
论"学而"。同样，帛书《老子》乙本末篇所标"德""道"
二字，不过是取首句中的一个字罢了，并非实指。而帛书
《老子》甲本连这样的标题都没有。西汉竹书《老子》有

标《老子上经》《老子下经》，这个"经"字只是说"上经""下经"，后世可能由此而称之为"德经""道经"。如果真是由此而来的经名，那么就可能由此误导出另一种"道"上"德"下的传本，进而导致不少文字被篡改。

3.帛书本篇次真，更优于诸今本《老子》

帛书《老子》甲、乙本不是互抄本，而是抄写于秦汉两个不同的朝代、不同的传本。这两个传本与西汉竹书本篇次居然都是"德"上"道"下，这才使人们更坚信、更清楚地意识到韩非的《解老》《喻老》所据本以及严遵本、王弼本，篇次也都是"德"上"道"下的。唐玄宗把篇次颠倒，就像把一幅画颠倒那样让人费解。

4.帛书本章次真，没有错乱，而诸今本《老子》则有十个章次错乱

篇次颠倒，自然章次跟着全部错乱，又有几个章是出于人为的调整而排错的章次（共十个章），这自然要损伤、破坏文义。帛书《老子》刚一出土，整理组就认定，帛书《老子》章次排列是合理的，乃古之原型。西汉竹书本再次证明这一点。不过西汉竹书本也有在不少问题，需要把几个版本放在一起相互补充。

5.楚简、帛书本《老子》分章真，而诸今本《老子》四分之一的分章错误

帛书《老子》的分章点证明今本《老子》四分之三的分章是正确的；四分之一的分章是错误的，不符古貌。而

楚简《老子》证明帛书《老子》也有分章的错误，同时楚简《老子》分章点多于帛书本，它完全可以审定帛书本之分章。总的来看，《老子》绝非目前八十一章，其中存在两个章或多个章并为一章，一个章分作两个或多个章的现象，导致其含义不同，甚至大相径庭，从而模糊或掩盖了老子的某些重要思想。帛书本《老子》分章真于今本。

6.帛书本文字谬误大大少于诸今本《老子》

粗读帛书《老子》，似乎与今本《老子》出入不大，其实差别不小。五千言《老子》，今本《老子》与帛书《老子》竟一百多句有差异！而且楚简《老子》又证明帛书《老子》也出现不少讹误。有的只差一字，但文义全非；有的或衍或脱或增一字，意思尽失；有的则是整句或数句之误。其中既有后人明显的篡改，也有许多是假借字的辨认问题。这自然影响到《老子》许多论断的表达，乃至掩盖其重要思想。古人早就认识到："书三写，鱼成鲁，帝成虎"的情形。高亨先生说："古文以简载，字以声传，义以口授，其书传者益多，异文异义亦益繁。"《老子》原书，当无二本，其异文间出者，或由于字音之擅转，或由于移写之歧误，或由于读者之擅改，历时远，难溯其初。"所谓"当无二本"，是指祖本，定稿本。后来流传开来，必然出现许多抄本。文字的脱衍与传讹，篇章的错乱，异本、异句、异文、异说、异化，绝难避免。再说秦及汉初，通行文字较少，许多字用假借字，这些假借字复原为本字时，不少走了样，改变了文义之初衷，增多了异文异义。而帛书与楚简《老子》降低了"益繁"的可能，也大大缩小了"难溯"的距离，它能成为"溯源"的一个新起点。利用帛书、楚简、今本，校订的帛书本文字，必定优于今本。

7.吸收今、楚简本之长进行校订，帛书本将成为最古最真之本子

经过历代的校勘、注释与文饰，今本《老子》文字流畅、规范，不少胜于帛书《老子》，因此我们也要吸收今本《老子》之长。同时楚简《老子》证明帛书、今本有四个章文字有讹误，这一部分自当用楚简本之文字代之。经过多本相互校订、补充，帛书本《老子》可以成为最古、最真之本。

五　问计于读者、求教于专家

笔者考证帛书《老子》并出版了相关专著，先后受到了全国著名老学专家任继愈、张松如、胡曲园、潘雨廷、李学勤、熊铁基、孙以楷及港台部分专家的赞誉，还得到了美国艺文及科学院院士美籍华人何炳棣先生的高度赞誉。但是上述论文与专著学术性强，不通俗，非业内人士很少关注。因而笔者产生了重新整理以前资料，撰写这本《正解老子》，用最简短的形式，试图剖析今本《老子》种种模

糊与错讹的部分，力图向读者介绍一本通俗易懂而又最古、最真、最少讹误的《老子》读本。

唐玄宗对《老子》的改造可以复原吗？朱元璋删改《孟子》，最终被恢复原貌了，孟子也"官"复原位。那么《老子》的能不能被复原呢？有人说："据此为据，推翻今本，尚嫌不足。"诚然不能推翻，但是由楚简、帛书《老子》确证的错误篇次、分章、章秩、文字、文句，还是可以恢复的。其实经过对帛书与楚简《老子》进行比较，在事实上已经否定了唐玄宗的篡改，已经推翻了今本《老子》错误的部分，肯定了它的正确部分。

愿读者教之！专家学者示之！

刊于《弘道》2009 年第二期，总 39 期，

现又做了个别修改补充

《老子》与老子的道教转换

　　《老子》一书，起初是史官向侯王呈献的"南面术"。西汉初它一度成为官方哲学，主治世经国，到了东汉后期，在桓帝的带动下，《老子》成了追求长生的道术。公元二世纪时，经过张陵、张衡、张鲁三代的活动，老子、《老子》已被崇奉为道教的教祖、圣典。所以研究《老子》及老子如何实现由道家到道教的转换，就成了研究《老子》不可或缺的一项重要内容。原始道教的通俗经典，除了《太平经》之外，就要推《老子想尔注》了。而后者最能体现这种转换，并且它比《太平经》简短，更明白地告诉信徒审视自己，使《老子》进言对象发生大的转换。所以这里我们专门分析《老子想尔注》，看看它是如何实现《老子》的宗教转换的。另外，我们还要从《魏书·释老志》看老子其人的转换。当然这只是早期民间道教组织的一个小小的角落。

一 《老子想尔注》

——进言对象转换

《老子想尔注》是书名，正如《太平经》一样。那么，"想尔"是从哪里来的呢？含义是什么？下面简略引摘两则史料，大概说明"想尔"的最初来源与道教最初形成的历史。

其一，《三国志·魏书》张鲁传之有关大概：

> 张鲁，字公祺，沛国丰人也。祖父陵，客蜀，学道鹄鸣山中，造作道书以惑百姓，从受道者出五斗米，故世号米贼。陵死，子衡行其道。衡死，鲁复行之。益州牧刘焉以鲁为督义司马，与别部司马张修将兵击汉中太守苏固，鲁遂袭修杀之，夺其众。焉死，子璋代立，以鲁不顺，尽杀鲁母家室。鲁遂据汉中，以鬼道教民，自号"师君"。其来学道者，初皆名"鬼卒"。受本道已信，号"祭酒"。各领部众，多者为治头大祭酒。皆教以诚信不欺诈，有病自首其过，大都与黄巾相似。诸祭酒皆作义舍，如今之亭传。又置义米肉，县于义舍，行路者量腹取足；若过多，鬼道辄病之。犯法者，三原，然后乃行刑。不置长吏，皆以祭酒为治，民夷便乐之，

雄据巴、汉垂三十年……

其二，《典略》有关记载：

熹平中①，妖贼大起，三辅有骆曜。光和中②，东方有张角，汉中有张修。骆曜教民缅匿法，角为太平道，修为五斗米道，太平道者，师持九节杖为符祝，教病人叩头思过，因以符水饮之，得病或日浅而愈者，则云此人信道，其或不愈，则为不信道。修法略与角同，加施静室，使病者处其中思过。又使人为奸令祭酒，祭酒主主以《老子》五千文，使都习，号为奸令。为鬼吏，主为病者请祷。……

这两则史料说明了三点：

第一，道教的兴起，与农民起义有关，具有准军事性质；

第二，与起义的首领约束部众有关，张鲁五斗米道组织，以教代政，主张诚信、自治；

第三，《老子》五千文，既利于统领部众与众生，又用以为病者祈生。

其中，"有病自首其过"，"叩头思过"，"思过"就是

---

① 东汉末，公元174年左右。
② 公元181年左右。

"想尔"的最初来源,"存思""存想"是"想尔"的另一来源。边韶《老子铭》有所谓的"存想丹田"。《太平经》卷七十八有"入室存思图诀",卷八十四又有"大人存思六甲图",张鲁还有所谓"入静室存想见神"。这些无非是引儒入道,将曾子的"一日三省吾身"引入道教,开"三教合一"之序幕。总之"想尔"之"想",思也,考虑、反思、反省的意思;"尔",你也。"想尔"即想想你自己吧。那么,你应该想些什么呢? 以下的"皆速思之"即可见一斑。

《云笈七签》四十三引《老君存思图》十八篇,其中"坐朝存思"第十云:

> 上最三行:行无为,行柔弱,行守雌,勿先动。
>
> 中最三行:行无名,行清静,行诸善。
>
> 下最三行,行无欲,行知止足,行推让。
>
> 一者不杀,二者不盗,三者不淫。此三事属身业。
>
> 一者不妄言,二者不绮语,三者不两舌,四者不恶口。此四事属口业。
>
> 一者不嫉妒,二者不瞋恚,三者不邪疑。此三事属心业。
>
> 右九行,三业十事,常当存念,惊恐之际,急难之时,皆速思之,危即安也。

可见《老子》中有许多对侯王的说教,在《老君存思图》中其已经换成对信教众生的说教。上面所说的几条，分别属于行为、修身、语言态度、思想、心志的事，在这些事中哪些与你相干？有否违犯？要抱着诚惶诚恐的态度，速速想来，只有如此才能转危为安。《老子想尔注》就是具体将对侯王、圣人、当政者的献策，再加上"自己的存思"，创造性地转换为信徒的戒条了。

二 《老子想尔注》其他教诫

饶宗颐先生说："敦煌莫高窟所出《老子道德经想尔注》残卷，卷末题《老子〈道经〉上》，下注'想尔'二字分行。从《老子》第三章之'则民不争'句起（上面的文句均已缺失），下至《老子》第三十七章之最后一句：'天地自止（正）'，凡五百八十行。注与经文连书，字体大小不分，过章又不起行。经文注文连成一体。与唐写《道德经》之款式颇异"。[①]值得注意的是这里只有"想尔"两字，无"注"字。在这三十四个章中，可以看出《老子想尔注》告诫信徒要注意些什么，要随时想些什么。从《老子想尔注校证》（以下简称"饶著"）第6页至47页来看，其内容包含如下诫劝，其总的目的是"奉道诫，积善成功，积情成神，神成仙寿"。前三句落脚在："神成仙寿"。

---

① 饶宗颐：《老子想尔注校证》，上海古籍出版社，1991，第1页。

（1）见可欲，勿令心动，若动，自诫。

（2）虚去心中凶恶，道来归之。

（3）勿知邪文，勿贪宝货。

（4）心欲为恶，挫还之；怒欲发，宽解之，勿使五脏怒也。自威以道诫，自劝以长生，忌争激，忌弦声（弦外之音）。

（5）喜怒不发，喜怒悉去。

（6）守中和之道，学（长）生、全身。

（7）求长生者，不劳精思以求财，不以无功劫禄以求荣，不食五味以恣，旧衣旧履，不与俗争。

（8）人当以水为法为鉴，心常乐善仁。

（9）人欲举动，勿违道诫，不可得伤王气。这有两方面的含义。其一，人在精神上必须保持王气，使它处于主宰地位。其二，对于政治、社会、大道之行，必资于王气。"故贵一人，制无二君"，"国不可一日无君"，这在政治上就站得住了，使帝王放心与喜爱。

（10）名与功，身之仇；功名就，身即灭。故道诫之。

（11）不可乘权富贵而骄世。

（12）不违道求荣，不贪宠爱。

（13）求长生之人，予不谢，夺不恨，不随俗转移，真心志道，学知清静。

（14）为人行诫，辄能自反、自约持，还归道素。

（15）凡办一事，先考虑道诫，安思其义不犯道，乃徐施之。

（16）志意不盈溢，守道不盈溢。

（17）不学邪文习权诈，不当面言善内心怀恶，不外是内非。至诚感天，专心信道诚。

（18）绝诈圣邪智，不绝真圣道智。

（19）行仁行义，自当至诚，天自赏之。绝不见人可欺诈为仁义。

（20）绝与道相去甚远的邪学。

（21）我是若非，勿与之争。

（22）有功不自夸，不见德能，不自以为是，不自高自大。

（23）守诚守信，不为贰过。

（24）令雄如雌，即得天下之要。

（25）不贪荣，志归于道，唯愿长生。

（26）祸福同根。得福，慎祸来。

（27）至诚守善，勿贪兵威，不得依兵图恶以自强。

（28）不可以贵轻道。

（29）自修身，行善胜恶。

（30）天下有道，家家孝慈，人人真孝慈。

（31）道人宁施人，勿为人所施；宁避人，勿为人所避；宁教人为善，勿为人所教；宁为人所怒，勿怒人；分均，宁与人多，勿为人所与多。

（32）勿与人争曲直，逢诤，先避之。（孙思邈《摄养枕中方》引《老子想尔注》曰："勿与人争曲直"①）。

这些仅仅是不到三十四个章的道诫，如果《老子想尔注》没有佚失，那么呈现在我们面前的道诫将会更丰富。

三 《老子想尔注》是如何将《老子》转换为道教神学戒条的？

道家与道教的理论基石与理论支柱都在一个"道"字上。而道教要使它变成一种人们信仰的宗教，就需要首先神化"道"，并且这种神化又绝对不能离开人情人性，要与人们的利益息息相关。

首先看如何使"道"神化。在《老子想尔注》中，道，固然是"道"，而"我""吾""一"也都被注为"道"甚至"帝先，亦道也"。这一来，《老子》中"道"的含义就更丰富了。因为道是万事万物之本，"道虽微小，为天下母，故不可得而臣"，万事万物由道生，道在一切中。同时，道知道世界一切事情，它能言善听，它有喜恶之情，全知全能；它赏善惩恶，世上一切由它掌握。一切文明、伦理道德、社会秩序，无不与道有关。"一者，亦道也……一散形为气，聚形为太上老君，常治昆仑，或言虚无，或言自然，或言无名，皆同一耳"②，"太上老君"就是这样被神化的，

① 饶宗颐：《老子想尔注校证》，上海古籍出版社，1991，第116~117页。
② 饶宗颐：《老子想尔注校证》，上海古籍出版社，1991，第12页。

成了道教信徒顶礼膜拜的神圣偶像,《道德经》自然就成为道教的首要经典。道教就是这样利用老子的道,为信徒树立明确的信仰对象的。

那么,人与道又是什么关系呢?《老子想尔注》把诚、道、水、人做了一番比喻:"诚如渊,道犹水,人如鱼,鱼失渊去水则死,人不行诚守道,道去则死"①。谁又愿意死呢?因而"道"与人们最起码的利益——生,挂上了钩。"仙、王、士、俗与俗人",谁又不"畏死乐生"呢?

除了把"道"神化之外,还必须将"道"变为"生道",吸引信徒祈求长生,进而成仙。楚简、帛书等版本《老子》皆为"国中有四大,王居其一",《老子想尔注》则改"国"为"域"、改"王"为"生"(或改"人"为"生")。"域中有四大,生处其一"②。将"生"抬到与道、天、地同样的高度,以表明道教重视"生",重视芸芸众生的生命延续。所以"生亦道","生,道之别体也","道设生以赏善,设死以威恶",怎么能违道?"人法道意,便能长生",将遵"道"、守"道"看成人的生存与长生成仙的必要条件与方法,而道诚则成为道教追求长生的根本教义。但毕竟死是不可能避免的,这又是人人都必须要经历的事,那么对此该做何解释?《老子想尔注》说,一种是"没身而不殆"之死,终身积善,"与道等寿",或者说"得仙寿"。

① 饶宗颐:《老子想尔注校证》,上海古籍出版社,1991,第49页。
② 饶宗颐:《老子想尔注校证》,上海古籍出版社,1991,第33页。

另一种是不能积善行，死便是真死之死。而那些"仙士"，就是"有谷则食之，无则食气"。千万记住："行道者生，失道者死"，"欲求仙寿天福，要在信道也"。

为了完善自己的理论，《老子想尔注》不惜修改《老子》之原字，改"国"为"域"，改"王"为"生"，这些例子就很生动。还有将"公乃王"改为"公乃生"，《老子》第七章中"非以其无私邪，故能成其私"，被改为"以其无尸，故能成其尸"，并注曰："不知长生之道，身皆尸行耳，非道所行，悉尸行也。道人所以得仙寿者，不行尸行，与俗别异，故能成其尸，令为仙士也"。第二十四章之"企者不立"，被改为"喘者不久"，显然这又是从长生角度出发的修改。《老子想尔注》对《老子》的一些注解与修改，说明道教对"生"的高度重视，千方百计将"生"抬高。

由于《老子想尔注》只有三十四章的内容，我们不可能知道得更多、更详细，不过这也足以说明《老子》在原始道教中的宗教转换。

四　老子其人的神化——从人到神的转换

《魏书·释老志》有这样的话：

　　道家之原，出于《老子》。其自言也，先天

地生，以资万类。上处玉京，为神王之宗；下在
紫微，为飞仙之主。千变万化，有德不德，随感
应物，厥迹无常。授轩辕于峨嵋，教帝喾于牧德，
大禹闻长生之诀，尹喜受道德之旨。至于丹书紫
字，升玄飞步之经；玉石金光，妙有灵洞之说……
及张陵受道于鹄鸣，因传天官章本千有二百，弟
子相授，其事大行。……谦之守志嵩岳，精专不
懈，以神瑞二年十月乙卯，忽遇大神，乘云驾龙，
导从百灵，仙人玉女，左右侍卫，集止山顶，称
太上老君。谓谦之曰："……授汝天师之位，赐
汝云中音诵新科之戒……"

由此看来，在《老子想尔注》之前，老子已由人转
换为神，如《魏书》所说的那样。太上老君居然教授过轩
辕、帝喾，大禹还听过老子传授的长生诀，而且老子还乘
云驾龙，有玉女侍卫，可谓超级"大神"。这与史书记载
的老聃、太史儋没有一点相像了。早期道教如此神化老子
与《道德经》，由此可见一斑。不过《史记·老子列传》也
有些端倪："盖老子百有六十余岁，或言二百余岁，以其修
道养寿也"，但毕竟这和神仙不同。东汉桓谭之《新论·祛
蔽篇》，已经在加码："老子用恬淡养性，致寿数百岁。"由
百六十余岁，二百余岁，进而到数百岁，这岂不是快成
"仙人"了？而在理论上，《老子道德经河上公章句》又极

力将《老子》思想向养生益寿长生方面引。东汉桓帝时，朝廷几次派员祭祀老子，延熹九年，桓帝还亲自到濯龙宫祭祀老子（《后汉书·桓帝纪》），不但民间设有老子祠，而且"宫中立黄老浮屠之祠"（《后汉书·襄楷传》）。黄帝、老子和佛同时受人们膜拜。帝王如此崇奉老子，意在"仰其永生"，"求长生福"。帝王的行为大大影响着百姓的行为。东汉末，动荡不安，割据一方的豪强视民如草芥，《老子想尔注》如此强调"生"，重生、贵生、养生，调动了老百姓的宗教感情，迎合众生的求生、长生的渴望，这些都促使老子变形。二世纪时，"老子"的信徒已将老子崇奉为道教的教祖。呈献给汉桓帝的《太平经》，以及《老子想尔注》，就是由战乱时代的局势造就的。总之，老子多面目、多功能，以及引神引儒入道，三教合一，已由东汉后期就开始了。到了汉晋之后，统治阶级越来越认识到道教对国泰民安、巩固自己的统治，大有好处。三教鼎盛，共襄太平。如果说老聃、太史儋的《老子》是想让侯王、帝王"想想你自己吧"，那么《老子想尔注》岂不是把它转换成人民的"思过"与"想想你自己"了吗？

还要说说张鲁的结果。他率领五斗米道主动归降于曹操后，曹操予以抚慰厚待，"位尊上将，体极人臣，五子十室，荣并爵均，童年婴稚，抱拜王人，命婚帝族，或尚或嫔"①。张鲁一家都成了皇亲国戚。而他的部众五斗米道徒，

---

① 〔清〕严可均辑《全上古代三秦汉三国六朝文》，中华书局，1999。

移民北迁，被和平瓦解，不久，张鲁及其僚属北迁至洛阳，客死他乡。五斗米道自然瓦解。

从《老子》与老子宗教身份转换的经过，可看出一条规律：中国古代的宗教最后大都要屈服于王权统治。

此文刊于香港《弘道》2009年第四期，

总第四十一期。

简帛佚籍与"上德不德""得一"的破译

照帛书与西汉竹书《老子》篇次、章序、排列，今本《老子》第三十八章应该是首章。它是开场白，是导语，是《老子》说教的出发点，也是它的"入门"。简帛佚籍为破译《老子》的成书时间、进言对象，也为破译"上德不德""无以为"等模糊问题提供了大量的信息与证据。

一 何谓"上德不德"

什么是"上德不德是以有德；下德不失德是以无德"，有三位著名学者的观点是较为流行的观点。

> "上德"不表现为形式上的德，因此就有德；"下德"死守着形式上的"德"，因此就没有"德"。
> （任继愈：《老子新译》）

上德之人不讲求德，因此就有德；下德之人不离失德，因此就无德。（张松如：《老子校读》）

上"德"的人不自恃有德，所以实是有"德"；下"德"的人自以为不离失德，所以没有达到德。（陈鼓应：《老子注译与评介》）

老先生们都不挑明"上德"主要是君上之德，更没有明言这是君上、统治者的政治道德。大量简帛佚籍的出土，使我们再不能"顾左右而言他了"。《郭店楚墓竹简》与《上海博物馆藏战国楚竹书》为弄清《老子》的思想，提供了许多前所未有的新材料。如何运用这些新材料，检验修正过去的认识呢？首先，楚简《老子》证明《老子》非成于一时，作于一人。从帛书、今本来看，《老子》不可能形成于春秋战国之交，而更可能形成于战国前期。其次，郭店楚简《唐虞之道》对什么是"上德""上德不德"，论述详细。"上德，授贤之谓也"，也就是说，尧、舜传贤不传子的"禅而不传"的禅让制可谓"上德"。《上海博物馆藏战国楚竹书·容成氏》说得更具体：三代以上约二十一个帝王"皆不授其子而授贤"。细读上述两文，可以发现"上德"还不只是制度层面上的"禅让"，更重要的是传者与被传者思想行为方面的"利天下而弗利"。也就是说帝王是"授贤"的结果，同时在被传者承大位之后，从始至终不敢用利天下来利己，"必正其身，然后正世"。这些帝王处于草茅之中而不忧，身为天子而不骄，在下位不以匹夫为轻，有天下而不用天下为自己与子孙谋利益。这就是"上德"与"上德不德"。显然上德也好，禅让也罢，都是针对君王。由此印证，《老子》也是对君王而言的。诚然帛书《老子》没有提禅让，但它的"上德不德"是否是受儒家的影响呢？《老子》幻想回到比禅让制更为远古、更为原始的小国寡民、结绳而用的时代。然而战国时血腥的你争我夺的现实说明禅让制根本行不通，如果能做到有德于民而不利己，不巧取豪夺以收取高额回报就不错了。因此，帛书、今本《老子》不提禅让，只提德而不德。"德而不德"者，利天下而不敢自利也。如此解释，更符合《老子》之原意吧？战国、西汉有两则具体"德而不德"的史料。

其一是《战国策·魏四》。

信陵君杀晋鄙，救邯郸，破秦人，存赵国，赵王自郊迎。唐雎谓信陵君曰："臣闻之曰，事有不可知者，有不可不知者也；有不可忘者，有不可不忘者。"信陵君曰："何谓也？"对曰："人之憎我也，不可不知也，吾憎人也，不可得而知也。人之有德于我也，不可忘也；吾有德于人也，不可不忘也。今君杀晋鄙，救邯郸，破秦人，存赵国，此大德也。今赵王自郊迎，卒然见赵王，臣愿君之忘之也。"信陵君曰："无忌谨受教。"

这种"有大德"而"忘之也"，也是一种"上德不德，是以有德"的具体表现吧。

其二，是史料记载的汉文帝的言行。《史记》称其为"德至盛"。他给社会、人民带来的好处太大太多了。从不长的《史记·文帝本纪》看，汉文帝称自己"不德"，还有其他多处称自己"德薄""羞先帝之遗德"等，他的行为是对"上德不德"的一种形象诠释。

如此诠释"上德不德"，全章文义岂不大明？

二 何谓"无为而无以为"

郭店楚简对于破译《老子》的"无为而无以为"，极有启发。

首先，"无以为"。《语丛一》有"义，亡（无）能为也"。这是什么意思呢？"为"，应该是"伪"之省写。伪，假也，有私心也。既然称之为"义"，哪能伪装和出于私心呢？接着又有一段文字："为孝，此非孝也；为弟，此非弟也，不可为也，而不可不为也。为之，此非也；弗为，此非也。"这似乎在具体地解释上句。"为"，是指有私欲之伪。那些从利己出发的"伪"，是"不可为"的。那么，

"不可不为"之"为",必然是自然的、无私欲之"为",所以"无以为"即"无以私为"之省。这与韩非《解老》释"无以为"是完全一致的:"非求其报也""非以要誉也""无所为而为之也。"

其次,"无为"。《语丛三》(这里有许多孔子的言论)又有:"父,孝;子,爱;(或为'孝,父;爱,子'之误)非有为也。"也就是说:对父母的孝、对子女的爱,应该不是出于私心私欲的,这叫"非有为也"。由此可见,这里反对什么样的"有为",又提倡什么样的"无为"了,这里"无为"应理解为"为"中无利己性、市易性、政治性,像天、地、水、气之"为",自然而然毫无利己的动机。因而所谓"无为"就是无私为。"无为而无以为",即无私为,也不会以德为私。谁说《老子》只反儒,没有从儒家思想吸收营养呢?可见,《老子》对儒家思想既有批判,又有吸收,是对儒家思想的一种扬弃。老聃的"无为"影响到孔子,而孔子又影响到后来的《老子》。

再次,"无不为"?严遵本、傅奕本不是"无为而无以为",而是"无为而无不为",所谓"无不为",即无所不为也。《庄子·天道》:"天不产而万物生,地不育而万物长。"这就是"无不为"。帝王、人怎能像天地那样"无为而无不为"呢?显然不可能,因此,"无为无以为"才是古貌。

三 何谓"下德不失德，是以无德"?

过去曾将"下德"，认为是低格调的"德"，所谓"不失德"即对于人民之德恩，总是挂在嘴边，因此"是以无德"。鉴于《唐虞之道》与《上海博物馆藏战国楚竹书·容成氏》对于"上德"的理解，上述对"下德"的认识，非改不可。

"下德"之下，即芸芸众生。这里只想引一段《庄子·天地》对"至德"之世的描述：

> 至德之世，不尚贤，不使能，上如标枝，（陆德明释文："言树杪之枝，无心在上也"。这岂不是"上德不德"？）民如野鹿。端正而不知以为义，相爱而不知以为仁，实而不知以为忠，当而不知以为信，蠢动而相使（互相服务）不以为赐，是故行而无迹，事而无传（不流传）。

这里的"端正"、"相爱"、"实"和"相使"岂不就是"德"？而竟然"不知""不以为"就是"仁""忠""信""赐"，就是"不德""不失德"？人民如此，君上当然也如此，这岂不就是"下德不失德，是以无德"——人民没有丧失纯朴的德性，所以也就无所谓德与不德——的最佳图画吗？同时这也说明"上德不德"之

"不德"，不仅仅是不以德自居，人民也不知其德。"日月为天下人耳目，人不知德，山川为天下衣食，人不能感。"

四 再从其他先秦文献看此章

民众则浑浑噩噩、淳淳朴朴。自从进入家天下之后，"失道矣"，德是道的体现。而对为政来说，"德惟善政"（古文《尚书·大禹谟》）。善政即德，或者说德是给予人以恩惠福利。但这种"德"不能有私心。《尚书·盘庚》说的："汝克黜乃心，施实德于民。""乃心"即居心、私心。"实德"即没有自私打算的实惠，才是"德"。到了周文王时又进了一步：提出"予怀明德，不大声以色"（《诗·大雅·皇矣》）。不显示自己的德，不称德，面无德色。"上天之载，无声无臭"，天之恩德布宇宙，何曾表功一丝一毫？这些也是"上德不德"的思想渊源。

粗看此章文字，帛书与今本差不多，细看则不然。帛书有"失道矣"三字，① 这就将此章清楚地划为失道前

---

① 帛书、今本还有很多不同。一是帛书本此章为首章，在今本却成了中间章——第三十八章，作中间章的理解，自然就会不同于首章。二是帛书与西汉竹书、河、王等本为"上德无为而无以为"。但严、傅等本误作"上德无为无不为"。三是帛书《老子》及韩非《解老》均无今本《老子》下面一句："下德为之而有以为"。帛书《老子》证明此句为后人所加，也证明前人对"上德""下德"之理解是不能成立的。四是把"仍"误读为"扔"。这种误读一直延续到"字同文"以后很久的西汉竹书《老子》。如"致"不读为"窒"，"列"不读"裂"，读为死的"死"，"清"为"精"。

与失道后的两种。"德""仁""义""礼"。远古有道之世的德，因为是自然的，所以它是"无以为"，即无心、无私、无名、自然的。而失道之后的德、仁、义、礼就变成有心、有名、有私、有得的了。它不是道的体现，而是某种私的体现；不再是德之"纯"，而是掺了杂的不纯之德。"有以为"，含有私欲之为。"务欲施德于民，使之歌功颂德而爱戴己，是利用之术、交易之道，非真德也。"庄子的话叫"贼莫大乎德有心"（《列御寇》）。文子的话叫"德有心即险"（《下德》）。于是出现了大量贼、险之德。所以老子的"上德不德"，既不自以为德，也不以德为私，因德自负，索誉要利，而是因循自然，顺从民意。然帛书本比今本多此三字！失道之后，统治者开始强调德，殷商文献就强调德，殷亡使周更强调德，并且提出了"以德配天"的理论，即天命的赋予必须与君王的"敬德"相配，权力必须与"德"联体，有位必须有德。殷王朝由于"惟不敬厥（其）德，乃早坠厥命"（《尚书·召诰》）。因此周反复告诫后代（《尚书·召诰》中就反复了七次），要始终敬德明德，以永保天命。所以这时的德已有了居心，常常是不纯的了，终至于德衰。"德衰然后仁生，行沮然后义立，和失然后声调，礼淫然后饰容。""立仁义，修礼乐。德迁而为伪矣。民饰智以惊愚，设诈以巧上，天下有能持之，而未能有治之者也。"这就是老子失道而后德、而后仁、而后义、而后礼的含义吧？或者说，由道的衍化而为德，德再衍化为仁义礼乐。再由仁义礼乐衍化为法术、权术。这就是《老子》的政治历史观。《老子》就是从这里逐渐展开他对历史经验教训的总结，提出种种道德说教的。

如果上述分析无误的话，那么帛书《老子》此章的文字，再加上西汉竹书本补充的一句"下德为之而无以为"（以甲本为主，补以乙本）及其译文将是：

上德不德，是以有德，　　〔上古的〕首领们有德而不敢以德自居、自利、自傲，所以有德；

下德不失德，是以无德。　人民并未失去纯朴的德性，所以无所谓德与不德。

上德无为而无以为也；　　首领们之德无私为，也不会以德为私；

下德为之而无以为；　　　人民有为也不是为了沽名钓誉；

上仁为之而无以为也；　　首领们仁人爱民有所为，但无私图；

上义为之而有以为也；　　首领们做义理宜于的事，而有所作为；

上礼为之而莫之应也，　　首领们以礼仪待
人行事，虽得不到
回报，

则攘臂而乃之。　　　　依然振臂恭敬去做。

故失道而后德；　　　　所以〔说，现在早
已〕背离道了，背
离道之后有了居心
之德；

失德而后仁；　　　　背离德之后有了居
心之仁；

失仁而后义；　　　　背离仁之后有了居
心之义；

失义而后礼。　　　　背离义之后有了居
心之礼。

夫礼者，　　　　　所谓"礼"这个东西，
忠信之泊而乱之首也。　不过表明忠信之
淡薄和祸乱的开
端罢了。

前识者，　　　　　所谓先知先觉者，
道之华也，　　　　不过是所谓"道"
的虚华现象，

而愚之首也。　　　而实际上是愚乱的
起源。

是以大丈夫
居其厚而不居其泊，

居其实不居其华。

故去皮取此。

因此大丈夫立身
处事要敦厚而不
要浅薄，
要心存朴实而不尚
虚华。
所以应该去掉浅
薄、虚华，心存敦
厚朴实。

用简帛佚籍破译"得一"

以往此章有三大疑点。第一,"得一"是什么? 以往多释为"得道",译为"得到一",或"得到唯一的原则"等。这些释译固然不能说错,但是这些都没能精准解释"一"的含义。第二,如何释读"得"? 德、得古通,之前讲德的施予(内也),后面谈德的受益(外也):得。此处"得",既"德"。第三,至、致、窒,古通,如果将"至(致)之一"释为"窒之一",文义当豁然贯通。可惜古往今来,大多将其诠释为"致",因而造成千古之"文义梗阻"。这三大疑点,只要破译了"一",其他就迎刃而解了。那么,我们现在逐一分析这三大疑点。

一 简帛佚籍中的"一"

如果说"一"即道,那么为什么不直接称"道"? 为什么要绕个弯?

《老子》一书中的"一"是多义的，有做数词的（"吾有三宝：一曰慈……"）；有作一贯的（"圣人执一以为天下牧……"）；有做浑朴一体的（"道生一，一生二……"）。"得一"之"一"何指？《诗经·曹风·鸤鸠》有"淑人君子，其仪（宜）一兮"，《郭店楚墓竹简·五行》引用了上述两句，接着说："能为一，然后能为君子，慎其独也。"《马王堆汉墓帛书·五行》文句同《郭店楚墓竹简》，只是"仪"写作"宜"："其宜一也"，显而易见，马王堆汉墓帛书将"仪"读为"宜"之同音假借字，这是正确的。《五行》的"一"，既是慎独，又是一以贯之，也是内外为一、表里为一、始终为一、前后为一、贫富贵贱为一。舜就是一的典范：他处于草茅之中不忧，登为天子而不骄；不以匹夫为轻，身为天子也不以为重，为善有其始，而无其终；为德有其始，而无终了时。"一也，乃德也"，仁、义、礼、智、圣，一以贯之，此为第一层含义；而第二层有纯一不杂之意。《诗·周颂·清庙》："文王之德之纯"。孔子提倡"纯德同日月"，像日月那样正大光明。《老子》之"一"，是不是也表达了相类似的思想呢？

二　先秦文献中的"一"

《尚书·咸有一德》，是汤相伊尹对商王太甲的训诫。

《汉书·艺文志》曰"道三十七家，九百七十三篇"，其中
第一家就是"伊尹五十一篇"，可见其对道家思想的重要贡
献。伊尹告诉太甲："命靡常。常厥（其）德，保其位。厥
德非常，九有（州）以亡。"即天命无常，如果能经常不懈
地修德，就能保住王位。如果不经常修德，国家就会因此
灭亡。伊尹又说："惟天佑于一德，……惟民归于一德。德
惟一，动罔不吉。德二三，动罔不凶。"意思是：老天只
佑助德行纯一和一贯的人，老百姓也只归附德行纯一和一
贯的人。德纯一，行动起来没有不吉利的；德如果三心二
意、反复无常，行动就没有不凶险的。伊尹还说："惟新厥
德，终始惟一，时乃日新"，"德无常师，主善为师，善无
常主，协于克一"。德没有固定不变的师长，符合善的就是
师长；善也没有固定的标准，纯一就是标准。真是说得极
为辩证、深刻、正确。"一哉，王心！"也就是要更新自己
的品德，要始终如一、坚持不懈，德才能常新。可见，伊
尹说的"一"，就是纯一、专一、一贯、"始终惟一"。这
样再看《老子》的"得一"也许就清楚了。它是不是"德
一"？或"德得一"呢？原因有二：第一，上面已经说过
"得"通"德"（如《孟子·告子上》："为宫室之美，妻妾
之奉，所识穷乏者得我与？"）；第二，《韩非子·解老》：
"德者，内也；得者，外也。""得"是"德"的外在表现：
人民从统治者那里得到纯而无私的恩德。这样，"得一"即
"德一"或"德得一"。可见，《诗经》《尚书》的"一"，即

纯一、一以贯之。

三 《管子》的"一"

最接近伊尹及老子思想的，当为《管子》的《心术》《内业》等篇。

《正》："爱之，生之，养之，成之，利民不德，天下亲之，曰德。无德无怨，无好无恶，万物崇一，阴阳同度，曰道。"前一句与今本《老子》第五十一章"道生之，畜之，长之，育之，……，"含义差不多；而"利民不德"，即"德而不德"；所谓"崇一"，即像道那样无私德、无私怨、无私好、无私恶。换句话说，"万物崇一"之"一"，即大公无私。所以《正》又说："爱民无私曰德，会民所聚曰道，立常行政，能服信乎？中和慎敬，能日新乎？正衡一静，能守慎乎？废私立公，能举人乎？临政官民，能后其身乎？"因而"一"，除了废私立公外，还意味着"信"、"中和"、"慎"、"敬"、"正衡"、"静"和"后身"，像道那样公平、无偏无私。这些思想都能从《老子》中找到。同时，此篇题《正》与"侯王得一以为天下正"之"正"相吻合。

《内业》："一物能化谓之神，一事能变谓之智，化不易气，变不易智，惟执一之君子能为此乎？执一不失，能君万物，君子使物，不为物使，得一之理，治心在于中。治言出于口，治事加于人，然则天下治矣。一言得而天下服，一言定而天下听，公之谓也。"真是说得对极了。这"能化""能变"的东西，并且变化之后，不变质，不成为诈伪，因而能君临万物、天下大治、天下大服的"一"不是别的，而是"公之谓也"。真是一字千钧，一语中的。

《心术下》："圣人若天然，无私覆也；若地然，无私载也。私者，乱天下者也。……专于意，一于心，耳目端，知远之征。能专乎？能一乎？能毋卜筮而知吉凶乎？能止乎？能已乎？能毋问于人而自得之于己乎？……执一而不失，能君万物。"这里更点明了：所谓"执一"之"一"，是无私无覆、无私载，执公而又能一以贯之，"能君万物"。如不能公，而是私，那么这私就是乱天下之大祸害了。

自然，诸子对"一"还有其他多种理解：《庄子·德充符·秋水》的"一"，表示同一性。《庄子·天地》则把"得一"理解为无为、无欲、渊静。《吕氏春秋》有的篇将"一"理解为"道"，而《论人》则理解为"知神"。河上公注"得一"："无为，道之子。"……这些不去谈它了。而此章的"得一"即德的纯一无私，始终如一。它是"上德不德"的展开与深化。因此，帛书《老子》及译意当为：

> 昔之得一者。 自古以来德就是纯一的、无私与一以贯之的。

天得一以清，	天德纯一所以清明，
地得一以宁，	地德纯一所以宁静，
神得一以灵，	神德纯一所以灵验，
谷得一以盈，	河谷纯一所以充盈，
侯王得一	侯王之德纯一
以为天下正。	所以公正。
其致之也，	如果堵塞、改变了德的
	纯一，
胃天毋已清，	那么天就不能保持清明，
将恐裂；	恐怕将会破裂；
胃地毋已宁，	地就不会保持宁静，
将恐发；	恐怕将被废弃；
胃神毋已灵，	神就不会保持灵验，
将恐歇；	恐怕将会消失；
谓谷毋已盈，	河谷就不会保持充盈，
将恐竭；	恐怕将会枯竭；
谓侯王毋已贵	侯王就不能保持高贵，
以高，	
将恐蹶。	恐怕将会被颠覆。

刊于香港《弘道》，2004 年，第四期，
后又做了修改补充。

也谈何谓"无为"？谁之"无为"？

——老子与道家的无为论

中国五千年的君主制，极为早熟，早在夏、商、周三代，就已经形成分封制、世袭君主制，至战国时又进入集权于君王的郡县制君主专制。由于周秦以来反反复复的血流成河的朝代更迭的教训，中国古代社会逐渐孕育出老子与道家系统的无为论。它的出现在一段时期内，尤其是在文景之治和贞观之治时期，作用巨大。

一 世袭制的产物

"无为"论的产生与发展，是与君主世袭制和世卿世禄制的弊病暴露紧密相关的。

夏、商实行家天下，王位的继承，或兄终弟及，或父死子继；到了西周，古代中国完善了分封制、嫡长子世袭制。至此，以宗法血缘关系为基础的家天下国家体制，已趋于完备。这种国家体制，是适应生产力低下、小国寡民时代的，不过它先天性的缺陷是难以避免的。到了春秋时代，情况发生了变化。由于铁器及牛耕的推广，大量垦殖成为可能。于是，争夺土地与劳动力的兼并战争逐渐升温。西周时"千八百国"，至春秋战国时就逐渐剩下百余、数十、十几个了。战争这块巨大无比的"验金石"，充分暴露了世袭制度下侯王公卿的无能与昏庸。不然何以"亡国相继，杀君不绝"呢？因为血缘关系承袭制下的侯王公卿生于深宫，长于妇人之手，养尊处优，不但很难贤明，而且大多"知识甚缺"、"见闻甚浅"和"体质甚弱"。比如春秋历二百多年，鲁国经历了隐、桓、庄、闵、僖、文、宣、成、襄、昭、定、哀十二君，其中三君是被弑或弑君即位的；而昭公在位三十二年，八年出亡在外；最末之定、哀二君已徒具君名了。其他哪一君堪称贤明之君？鲁襄公可能还算吧。按照《谥法》："因事有功曰襄，辟土有德曰襄"，襄公四岁即位，三十四岁死，单看这两个年龄段，其功其德可想而知。如果再将君主世袭制度与世卿制度做一点比较，那么，前者之弊病更甚于后者。世卿制上有国君，左右有同等的或体现君主意志的卿大夫，多少还有一定的机制促其向善向明，而世袭君主制连这一点可怜的机制都没有了。保傅制度及内忧外患虽然能对个别君主起到警醒作用，但对多数国君不一定起作用，而其他条件大都是促使国君向惰、向奢、向骄、向昏、向淫，乃至向暴的。其言难违，其欲难逆，即便有某种礼制成规企图制约君王，但又往往被盈廷的唯诺与谄谀抵消。因而大多数侯王沉溺于放恣与骄淫失道之中。他们不仅道德、知识、能力低下，其体质也差、寿也命短，夭折者众。让他们去安国治民？岂不大成问题？在无可奈何的情况下，可靠而简便的办法就是请他们"无为""不言"，因为他多言多做多错，少言少做少错，不言不做不错。这就是老子"行不言之教，处无为之事"（今本第二章）以及"为者败之，执者失之。无为故无败，无执故无失"（第六十四章）的来由。胡适说："大凡无为的政治思想，本意只是说，人君的聪明有限，容易做错事情，倒不如装呆偷懒，少闹一些乱子吧"（《中国古代哲学史》第二篇）。无怪由衷崇拜胡适的人竟这么多，他用通俗易懂的语言，道破了无为论形成的基本原因。

二　君道有为弊端丛生

进入战国时期，兼并战争愈演愈烈。世卿制名存实亡，只留下尊荣的虚名，他们"食税不治民"。办实事的、有为的，是那些能者、勇者及贤者。而世袭君主制依然如故，是不能用"尚贤""招贤"来取代的。如果用选贤任能的办法来取代君主世袭制，就会国家大乱，自取灭亡。因此君主世袭制得以维持并安然无恙。由于兼并战争的需要，君主专制一再被加强，社会需要由君主统一控制"文武威德"，即控制行政权、军权、惩罚与赏赐权，只有这样才能使举国上下一致，也才能有效地对待内外之敌，适应频繁的战争需要。但是，这并不能改变世袭君主制下多数君主平庸无能的事实，同样存在着君道无为的客观需要。平庸之君、幼君、昏君宜行"无为"，圣君明主也宜"无为"，否则其弊端是无法避免的。主要有两方面的原因。首先，人君的欲望无穷，而且他的欲望、他的作为又往往是与人民的欲望和作为相对立的，是势难两全的。君主为了满足私欲的作为，就会损害人民的有为，牺牲百姓的利益，乃至不顾人民的死活。《管子·权修》说："地之生财有时，民之用力有倦，而人君之欲无穷。以有时与有倦养无穷之君，而度量不生于其间，则上下相疾也。是以臣有弑其君，子有弑其父者矣。"其次，即便君民同欲之为，封建国君的有为，也会带来负面影响，乃至带来祸害灾难。这里有必要将道家的主要论述列举如下。

（一）上有所好，下必甚焉

《淮南子·说山训》："上求材，臣残木；上求鱼，臣干谷；上求楫，而下致船；上言若丝，下言若纶；上有一善，下有二誉；上有三衰，下有九杀。"

《淮南子·主术》："上多故则下多诈，上多事则下多态，上烦扰则下不定，上多求则下交争。"

（二）君有为，臣以顺从保官、以阿主求幸

《吕氏春秋·君守》①说：凡奸邪之人必"因主之为"。凡事顺从国君，"舍其职而阿主之为。阿主之为有过，主无以责之。人主日侵，而人臣日得。"人主好自为，臣下便会用"无为持位，从君取容，藏智而不用。"出了问题反以其事推诿其上，君王智愈困，任愈大，数穷于下，行堕于国。何足以为治。

（三）有为则谤生，有好则谀起

《文子·上仁》曰："人君之道。无为而有就也，有立而无好也。有为即议，有好即谀。议即可夺。谀即可诱。"如"齐桓公好味，而易牙烹其首子而饵之；虞公好宝，而晋献公以璧马钓之；胡王好音，而秦穆公以女乐诱之"。结果是国乱国亡。因此，所好外露，人则以好钓之，以致受制于人。

（四）主有所好，失之在好

"上有所好，下必甚焉"，所以必然是君有所好，失之在好。人主好刑，则有功者废，无罪者诛；人主好仁，则无功者赏，有罪者释；主好智，则违背客观规律而任虑；君好勇，则简备轻敌自负；君好赏赐，则无定分一定的分

① 《淮南子》为道家著作，已为定论。《吕氏春秋》，被《汉书·艺文志》列为杂家。但高诱曰："以道德为标的，以无为为纲纪……。"而顾颉刚说："吕的作者，简直把老子五千言都吸取进去了。"因此《吕氏春秋》为黄老道家著作，应该说已成共识。

寸，上无定分，下之望不止，若多赋敛，则与民为仇，来怨之道。

（五）不利掩愚藏拙，损神化

人们心目中的君主，乃是天选神定，必是生民中聪明睿智出类拔萃者。国君好发议论，亲自动手，就不能藏拙，容易露出破绽，招致轻视，不利神化，还易于上当受骗。只有无为，才利于神化。

上述弊端的根源是君主专制及其政治文化习俗。第一，照《管子·法法》的说法，人君操臣民之生、杀、富、贵、贫、贱之"六柄"，主导一国之政治、经济、教化，它决定了臣民必须唯上是从。第二，用《管子·君臣上》的话说，人主之位，乃"独立无稽者"，在封建法理上，国君独立，不受任何人稽查。臣民对于君王的所作所为，不能抱怨，不能指责，甚至连议论也往往招来杀身之祸。第三，臣民之政治生命、经济利益，逐级操纵于上一级，因此承上为佳，恤下惹祸，从而层层绝对服从。第四，春秋战国时代忠孝传统观已深入人心，这也决定了人们的忠顺。忠顺与迎合能趋利避害。因而，上述弊端是难以避免的。国君要有所作为，只有"无为"可为，"无为"才能保持清醒，减少失误，并将上述弊端置于可控的范围之内。

也谈 "为学日益，为道日损" 含义

诠释《老子》是以战国秦汉简帛本为主，还是以汉以后唐玄宗钦定的《老子》为主？愚见如下。

楚简《老子》证明：今本《老子》第四十八章前后部分的组合迥异。而且它前半部分的文字也不同于今本《老子》：

> 学者日益，闻道者日损，损之又损，以至于无为，无为而无不为。■绝学无忧……（帛书《老子》第第十六章）

这里重要的不同点有三。

第一，今本不是 "学者"，而是 "为学者"（或无 "者" 字，只 "为学"）。"学者" 与 "为学者" 虽差一字，但含义不同。正如今天的思想家、作家、学者、教授，不同于大、中、小学生一样吧？

第二，帛书、西汉竹书、今本《老子》没有紧接着的

"绝学无忧"句。此句处于今本第二十章（非第四十八章）之首句。而"绝学无忧"是前文之结论。这是最大的区别。

第三，帛书本也将前句改为"为学者"，而后句则改为："闻（非'为'）道者日损"。应当说，把"学者""为道者"改成"为学者""闻道者"，是深思熟虑过的。因为"学者""为道者"毕竟极少，大多数是"为学者"与"闻道者"。因此楚简、帛书、今本不同的文字与不同的组合，会有不同的含义与诠释。今本文字的前两句被普遍诠释为（包括王文）"从事求学，一天天增加知识：而从事于道，一天天减少情欲"，这种看法认为为学与为道是两种不同的领域。为学，知识越来越丰富，对政教礼乐等的认识越来越深——"为学日益"。而为道则不同，不是益而是损，损其私欲、情欲，着重内省，清除杂念，以至于无私、无名、无己、无功，乃至"无为而无不为"。而依楚简本文字与结论，它诠释的就是另外一回事了："学者们一天天增多，遵从自然之道的人就会一天天减少。"学者会招引更多的为学者，他们会刺激人们的功名欲望，因而伪善伪行也会随之增长、漫延。人与人之间的尔虞我诈、追逐名利、你争我夺，也就在所难免了，因此结论是"绝学无忧"。为了强调这一结论，楚简本还特别用一横，将"绝学无忧"与上文间隔，以示强调。这正是楚简本、西汉竹书与今本不同的地方。

（1）"绝智弃辩"，"绝伪弃虑"，智、辩、伪、虑都是学者与为学者的产物。

（2）"智之者弗言，言之者弗智"，并提出对待智者"六不可"：不可得而亲，不可得而疏，不可得而利，不可压低智者的声望①。

帛书《老子》不仅将"绝智弃辩，绝伪弃虑"升格为"绝圣弃智，绝仁弃义"，又补充了三条：

（1）不尚贤；

（2）非以明民，将以愚之，自然愚民的关键在学者、智者；

（3）"小国寡民"，倒退到结绳而治的时代。

总之，楚简、帛书本提出一套对于智者、学者、愚民的方略。到底是今本诠释正确，还是楚简、帛书本正确呢?《史记·老子列传》有一段记载："孔子适周，将问礼于老子"。老子曰："子所言者，其人与骨皆已朽矣，独其言在耳。且君子得其时则驾，不得其时则蓬累而行。吾闻之，良贾深藏若虚，君子盛德，容貌若愚。去子之骄气与多欲，态色与淫志，是皆无益于子之身，吾所以告子，若是而已。"这段话可以看出老聃对于像孔子这样的学者、智者，也是不以为然的（何况那弟子三千的"为学者"呢）。他指出孔子：

第一，有骄气；

第二，多欲；

---

① 尹振环：《帛书老子再疏义》，商务印书馆，2007，第285~289页。

第三，尚不够朴实，往往还弄姿作态、装腔作势；

第四，有不切实际的志愿。

所以老聃告诫孔子要深藏若虚，盛德若愚。有些话老聃虽没有明说，但可以体味出来。如果这些毛病不去掉，那么以骄气与多欲之臣去辅佐多欲而权盛之君，要么不被使用，要么用了也难以融洽而身危。或者唯国君骄淫之志是从，助纣为虐，将会干出多少不切实际的事来坑害百姓与国家！看来这就是老聃的潜台词。这些应当是对"为学者日益，为道者日损"……的形象诠释吧！

恩格斯在《家庭、私有制和国家的起源》中说："文明时代愈是向前发展，它就愈是不得不给它所必然产生的坏事披上爱的外衣，不得不粉饰它们，或者否认它们，——一句话，是实行习惯性的伪善。这种伪善，无论在较早的那些社会形式下还是在文明时代的第一阶段都是没有的。"老子并没有使用"伪善"这个词，但他却有类似意思的话。他认为失道之后的仁、义、礼，乃是"忠信之薄而乱之首也"。这是否近于"伪善"呢？"为学者日益"，所学无非是仁义礼智，政教法刑，他们学的真实目的在于用这些东西去文饰其情欲——功名权力欲。严遵的话叫"为学日益，文生事起，伤神害民"。所以，《老子》才说，它是"乱之首"，才会"为道者日损"。这正是老子提出"绝学无忧"的原因。今本增一"为"字，"为学者日益，为道者日损"需要根据楚简、帛书本重新诠释如下：

■ 为学者日益，　　　　　为私利而学的人一
　　　　　　　　　　　　天天增多，

为道者日损，　　　　　　遵行大道的人却日
　　　　　　　　　　　　渐减少，

损之又损，　　　　　　　减少再减少，

以至于无为，无为无不为。最终还要回到无为
　　　　　　　　　　　　无不为上来。

　　梁启超说："清代考据学，以古为尚。以汉唐证据难宋明，不以宋明证据难汉唐；据汉魏证据可以难唐，据汉可以难魏晋，据先秦西汉可以难东汉。以经证经，可以难一切证据"①。梁大师之教，愿与诸君共勉。

---

① 朱维铮校注《梁启超论清学史二种》，复旦大学出版社，1985，第39页。

附录　学习与研究经历

自学与治学 60 余年，发表文章 170 余篇，其中人民日报 5 篇，光明日报 8 篇，哲学研究 3 篇。同时在《中国哲学史研究》、《复旦大学学报》、《中国文化月刊》、《社会科学战线》、《文献》、《道家文化研究》和《中国文化研究》等刊物多次发表文章。新华文摘全文转载 6 篇。出版专著 10 本，其中中华书局出版《楚简老子辨析》，商务印书馆出版《帛书老子再疏义》《重识老子与〈老子〉——其人其书其术其演变》，并被收入国家社会科学基金成果文库。获得国家社会科学基金项目 4 项。2000 年获国家社会科学基金立项，《楚简老子辨析》。2003 年获国家社会科学基金立项，《帛书老子再疏义》，《重识老子与〈老子〉——其人其书其术其演变》。2014 年国家社会科学基金西部项目立项，《西汉竹书〈老子〉注释评介今译》。2015 年四古本（楚简、帛甲、帛乙、西汉）综合版《老子》，获国家社科基金重点项目立项。受奖情况：《帛书老子释析》获 2000 年贵州省人

民政府社会科学研究成果二等奖、《帛书老子与老子术》获
2002 年贵州省人民政府社会科学研究成果二等奖、《帛书老
子再疏义》获 2012 年贵州省人民政府社会科学研究成果一
等奖、《重识老子与〈老子〉——其人其书其术其演变》获
2012 年获贵州省人民政府社会科学研究成果一等奖。

2008 年、2011 年入选中国校友会网 2008/2011 中国大
学杰出人文社会科学家校友榜。

一　自学

生于战乱，七七事变我才三岁，随家父后勤部队南迁，
记不清读过多少小学，初中起才开始正规上学。但初三上
学期后，因缴不起学费，只得考入不要学费的贵州省立高
中预备班，读了半年后辍学，从此负起养家的担子，当过
家庭教师，做过小生意，赶过马车。1950 年参加革命干校
学习，分配到贵州省开阳县工作。1952 年被任命为开阳县
冯三区副区长。1962 年，在县水电局当测量员，有空闲时
间，除苦读马、恩、列、斯、鲁、毛、普著作与中外历史，
每天必读百页以上才休息。1979 年，调贵州省委党校，担
任历史教员。

1980 年 12 月，我有幸参加全国政治学代表大会，后
来又有幸参加复旦大学受命为全国各大学培训政治学讲师

的讲习班，聆听了全国鼎尖级政治学者的讲课，影响了我
一生的自学、治学。

二　主要研究领域和研究专长

从《马王堆汉墓帛书：老子》1976 年出版以来，我一
生有近四十年的时间是研究古《老子》的。文革前，我也
曾读过《老子》，但是没读懂多少，因而随之也就忘了。文
革中"《老子》是一部兵书"的"最高指示"，又促使我迫
切想读《老子》。这是奇巧，更巧的是 1976 年夏，我在贵
州省开阳县新华书店买到 1976 年 3 月文物出版社出版的
《马王堆汉墓帛书：老子》，不久我又买到《经法》即《黄
老四经》，是原汁原味的"黄老"！大喜过望。从此我就与
古《老子》结下了不解之缘。

随着大量帛、简佚籍出土，李学勤先生说："我国古代
学术史是必须重写了。"这话推动了我对帛书老子的再研
究。2000 年贵州人民出版社出版了我的拙著《帛书老子与
老子术》，获得贵州省学术著作出版基金会五万元的资助。
此书上篇考证了帛书《老子》文本，具体分析了今本《老
子》篇次颠倒、篇名失真、部分分章与章序失真的情况。
下篇专门谈老子术的源流，即《老子》与《尚书》、《易
经》，道家、法家、兵家的渊源。

有了出版帛书《老子》的经验，我开始申请国家课题并获得立项，还荣幸得到李学勤先生的赐序。2001 年中华书局出版了我的《楚简老子辨析》。这些年不仅蒙李学勤先生指教，还得到任继愈、张松如、胡曲园，甚至高亨先生的回信。熊铁基先生、孙以楷教授、黄友敬先生，还将他们的有关资料借我，没有这些老前辈无私的传帮带，我不可能啃下古《老子》这根硬骨头。没有他们的提携，我的那些人微言轻的文章，不可能在重要刊物上获得发表。美国艺文及科学院院士美籍华人何炳棣先生也赞誉我的拙著"极精彩""隔洋深谢"，不久又赐予我他研究《老子》的著作、论文。

由于出土文献越来越多，研究成果层出不穷，尤其是何炳棣先生对老聃、太史儋的考证，以及《孙子兵法》先于《老子》等论证，使我感到帛书《老子》有必要再深入挖掘。因此，我再次申请 2003 年国家社会科学基金并获得立项，2007 年 5 月在商务印书馆出版《帛书老子再疏义》，接着又出版了《重识老子与〈老子〉——其人其书其术其演变》，获得了很高的评价，因此两书被收入国家社会科学基金成果文库。

我们的父亲（代后记）

我们所敬重的父亲尹振环，生于 1934 年 3 月 14 日，于 2020 年 10 月 16 日与世长辞，享年 87 岁。心情悲痛之余，回顾他的一生，不禁百感交集，在此与大家分享。

父亲出生在沧州的一个大户人家，家境殷实，我们老太爷爷是大商人，一边做羊皮买卖，一边扶贫济困，当时在沧州口碑甚佳。抗日战争爆发，侵华日军抢劫了全家人做生意的财产，逼得我爷爷从军抗日。爷爷是国民党部队杜聿明将军属下的一位校级后勤军官，3 岁的父亲随全家人在抗日战争中与国民党部队到山东、江苏、江西、湖南、广西、云南等地。一路颠沛流离，父亲断断续续上着小学。1942 年爷爷随部队赴缅甸作战，此时奶奶带领全家人困守昆明，由于爷爷赴缅甸时间很长，家里几乎钱尽粮尽。抗日战争胜利后，爷爷退伍，一家人准备回老家。他们从昆明出发，通过步行与坐马车，一个多月才到贵阳花溪，由于经费等原因，被困贵阳。世事难料，这一停，内战爆发，他们就再没能回去。

父亲 14 岁时，家庭经济再次陷入困境，他从此辍学，初中未毕业就肩负起养家糊口、维持生存的重任。1949 年后，我们家因为贫困，在贵阳花溪分到一间 10 多平方米的小屋。

父亲 16 岁参加工作，18 岁任开阳县冯三区副区长，22 岁任开阳县委办公室主任，25 岁时接受劳动改造 20 年。中年时的父亲摆脱了基层官员繁重事务的困扰，有一定的时间阅读大量的古今中外政治、历史书籍。他以常人难有的毅力，数十年如一日，历经磨难，在做学问的道路上收获颇丰。父亲治学 60 余年，发表文章 170 余篇，出版专著 10 本，其中商务印书馆出版《帛书老子再疏义》《重识老子与〈老子〉——其人其书其术其演变》，被收入国家社会科学基金成果文库。中华书局出版的《楚简老子辨析》更是引起国内外学者广泛关注。他的书籍除了在大陆发行外，美国、加拿大、日本、欧洲等国家都有发行。退休后，父亲还获得国家社会科学基金项目 4 项。2000 年，2003 年，2014 国家社会科学基金项目立项三项一般项目。2015 年 82 岁高龄的耄耋之年还继续申报国家课题，四古本（楚简、帛甲、帛乙、西汉）综合版《老子》，获准重点项目立项。2008 年、2011 年入选中国校友会网 2008/2011 中国杰出人文社会科学家校友榜。《帛书老子释析》《帛书老子与老子术》获 2002 年贵州省人民政府社会科学研究成果二等奖。

《帛书老子再疏义》《重识老子与〈老子〉——其人其书其术其演变》获 2012 年获贵州省人民政府社会科学研究成果一等奖。

2020 年 5 月 13 日年父亲因慢性阻塞性肺病住院，与病魔抗争五个月后与世长辞。他曾经提出不需要抢救，当子女的于心不忍，治疗带来无限的痛苦，不治疗违背人之常情，这种痛苦在我们心中难以言表，这是我们当子女永远的纠结与不安。尊敬的父亲，请原谅！

人的工作分为四层面，一为职业，二为事业，三为享受，四为公德。而父亲的工作可以不夸张的说是在为公德而奋斗。

父亲是一位毕生探求历史真相的践行者，在追求真理的道路上，可以说废寝忘食，孜孜以求。他临终告诉我们，还有五本书必须要出版，放心，儿女们一定会做到。

尹彦　尹辰

2020 年 10 月 18 日于厦门

图书在版编目(CIP)数据

正解老子／尹振环著. —— 北京：社会科学文献出
版社，2022.5
ISBN 978 - 7 - 5228 - 0067 - 7

Ⅰ.①正… Ⅱ.①尹… Ⅲ.①道家 ②《道德经》- 研
究 Ⅳ.①B223.15

中国版本图书馆 CIP 数据核字(2022)第 072483 号

正解老子

著 者／尹振环

出 版 人／王利民
组稿编辑／胡百涛
责任编辑／杨 雪
责任印制／王京美

出 版／社会科学文献出版社
　　　　　地址：北京市北三环中路甲 29 号院华龙大厦 邮编：100029
　　　　　网址：www.ssap.com.cn
发 行／社会科学文献出版社 (010) 59367028
印 装／三河市龙林印务有限公司

规 格／开 本：889mm × 1194mm 1/32
　　　　　印 张：6.75 字 数：132 千字
版 次／2022 年 5 月第 1 版 2022 年 5 月第 1 次印刷
书 号／ISBN 978 - 7 - 5228 - 0067 - 7
定 价／98.00 元

读者服务电话：4008918866